MASCHA KA

Brot & Brötchen
AUS DER EIGENEN BACKSTUBE

Weltbild Verlag

Herzlichen Dank der Familie Anton Kratzer für die Leihgaben aus ihrem Heimatmuseum

Impressum

© 1997 by Weltbild Verlag GmbH, Augsburg

Konzeption und Redaktion: Mascha Kauka, Moosburg

Dipl. oec. troph. Andrea Brenner

© 1997 Fotos und Rezepte: Hans Döring, München und RV-Officin M. Pohl Verlag GmbH & Co, Moosburg, Foto S.113, 116, 118, 120, 123, 124, 125, 126 Károly Hemzö, Budapest

S.7 Bildagentur Mauritius/Tappeiner S.9 LOOK/Raach und Bildagentur Mauritius/Lehn

Umschlaggestaltung und Layout: H.S. Medien GmbH, Helma Strobel, Starnberg

Lithoarbeiten: Kaltner Media GmbH, Bobingen

Druck und Bindearbeit: Appl, Wemding

Printed in Germany

ISBN 3-89604-243-2

MASCHA KAUKA

Brot & Brötchen

Inhaltsverzeichnis

6
DAS TÄGLICHE BROT SEIT
6000 JAHREN

16
TIPS AUS DER BACKSTUBE

34
BROT, DER KNUSPRIGE LAIB
AUS DEM OFEN

64
BRÖTCHEN, NICHT NUR ZUM FRÜHSTÜCK

86
KLEINGEBÄCK, LUSTIG UND LECKER

104
DAS BROT ZUM FEST

128
VERZEICHNIS – REZEPTE UND WARENKUNDE

Das tägliche Brot

"Brot ist älter als der Mensch". Also, die Albaner, bei denen dieses Sprichwort gilt, übertreiben da ein bißchen. Die Menschheitsgeschichte ist einige Jahrtausende älter als das erste gebackene Brot. Und zu den Nahrungsmitteln, die der erste Steinzeitjäger mit aufrechtem Gang und geschulterter Keule zu sich nahm, gehörte keineswegs die Scheibe Vollkornbrot. Nicht einmal das erste Getreide, das - wieder einige Jahrtausende später - mühselig dem Boden abgerungen wurde, kam gleich als Brotlaib auf den Tisch.

Das albanische Sprichwort spiegelt auch nur die uralte Legende wider, daß Gott aus dem gleichen Teig zuerst das Brot, und dann den Menschen formte. Das Brot sollte dann dem Menschen als Geschenk und erste Nahrung dienen.

Was aber ist denn "Brot"? Ein aus Mehl hergestellter Teig, der mit Hilfe von Hefe, Sauerteig oder anderen Treibmitteln aufgegangen ist. Die eingeschlossenen Gase wollen entweichen, aber die Poren des Teigs werden durch die Backhitze immer fester und knuspriger. Erst durch das Backen verschwinden Kohlensäure und Alkohol, die sich durch das Treibmittel gebildet haben. Die duftende Kruste umgibt sodann die weiche Krume des fertig ausgebackenen Brots.

Brot als Gottesgabe und als eines der ältesten Kulturgüter, mit dem die westliche Zivilisation vor etwa 6000 Jahren begann – so interpretiert, bekommt das albanische Sprichwort wieder den Glanz tiefverwurzelten Schöpfungsglaubens.

Der Grashalm als Hausgenosse

Es muß ein revolutionärer Schritt gewesen sein, als der Mensch lernte, nach der Zucht von Haustieren auch die Pflanzen als Hausgenossen zu gewinnen.

Sicher waren es zunächst Gräser, deren Samen der Wind heranwehte, und deren Wachsen in der Nähe der Behausung beobachtet wurde. Alles, was ihn nicht umbrachte, war für den Menschen zunächst eßbar. Bald lernte er, zwischen ergiebigen und nicht ergiebigen Gräsern zu unterscheiden, die Gräser des "Brot"-Getreides zu erkennen, ihren Samen zu sammeln und auszusäen.

Das älteste Getreide ist wohl die Hirse. Auf allen Kontinenten, in fast allen Kulturkreisen Europas, Afrikas und Asiens ist sie anzutreffen. Sogar in den uralten Geschichtsbüchern des Reislandes China ist von der Hirse die Rede. Im Jahr 2800 v.Chr. ordnete der chinesische Kaiser Schen-nung an, daß zum großen jährlichen Erntedankfest in einer symbolischen Handlung die wichtigsten Feldfrüchte ausgesät werden sollten, nämlich Reis, Soja, Weizen und Hirse.

In unseren Breiten fand sich die Hirse bei Ausgrabungen aus der Steinzeit und bei den Ansiedlungen der Pfahlbauern an den Schweizer Seen und dem Bodensee.

Seine zierliche Gestalt hätte der dicke Gallier Obelix nicht nur dem Wildschweinbraten, sondern auch dem Hirsebrei verdankt, denn die Hirse war ein Grundnahrungsmittel der Gallier, wie auch der Germanen.

In Indien verdrängte die Gerste um die Mitte des 2. Jahrtausends v.Chr. die Hirse nach dem Süden. Die Arier, die zu dieser Zeit von Norden her den indischen Subkontinent eroberten, brachten dieses ertragreichere Getreide sozusagen als "Marschverpflegung" mit.

Die ersten Angaben über den Gerstenanbau finden wir schon einige Zeit früher an den Wänden der Grabkammern der alten Ägypter. Bereits aus dem "alten Reich"

seit 6000 Jahren

„Einschießen" des Brots in einer Südtiroler Hausbäckerei.

(2800 bis 2500 v.Chr.) gibt es ein Wandgemälde, auf dem die Gerste auf dem Feld mit der Sichel geschnitten wird.

Zwar buk man im alten Ägypten aus der Gerste auch Brotfladen, viel wichtiger war sie jedoch für die Herstellung des anderen Grundnahrungsmittels, des Biers.

Vollkommen unbekannt war der Hafer als Getreide in Nordafrika und in Asien. Erst im Mittelalter brachten die Mauren aus Spanien die Kenntnis von dieser Pflanze an die nordafrikanische Mittelmeerküste. Sie war auch dann nicht sonderlich beliebt und galt als Nahrung der wilden "Barbaren" des Nordens. Die Griechen, die selbst geröstete Gerste aßen, blickten spöttisch auf die Skythen herab, weil die dieses "Pferdefutter" aßen. Die Römer berichteten mit Schaudern von der pappigen Hafergrütze, die die Germanen voller Behagen in großen Mengen verschlangen. Auch der heilige Hieronymus schrieb naserümpfend: "Avena bruta pascuntur animalia" (Nur grobes Vieh soll mit Hafer ernährt werden).

Großer Beliebtheit erfreute sich der Hafer seit alters her bei den Scoten und Picten auf der englischen Insel und ihren Nachfolgern, den Schotten. Hafer wurde auf heißen Steinen zu Fladen gebacken, die auch als (eßbare) Teller dienten. Noch zu Zeiten der schottischen Königin Maria Stuart standen bei Hofe Hafergrütze, Haferbrot und die Haferfladen-Teller zum Mahl auf dem Tisch bereit. Ein junger englischer Adeliger, der bei der Königin zu Gast war, wollte sich darüber lustig machen. Hafer sei sicher sehr gut für die Männer in Schottland, witzelte er, in England dagegen sei er bestenfalls gut für die Pferde. "Deshalb", erwiderte die Königin mit boshaftem Lächeln, "ist England ja auch bestenfalls berühmt für die Qualität seiner Pferde..."

Vom Roggen berichtet die Sage, daß er als Getreide eigentlich mehr durch Zufall entdeckt worden sei. In Pontos am Schwarzen Meer, das im 1. Jahrtausend v.Chr. berühmt für seine Getreidefelder war, wurde Weizen auf Schiffe verladen, die ihn als Saatgut nach Südrußland bringen sollten.

Niemand achtete darauf, daß zusammen mit den Weizenkörnern auch irgendwelches Unkraut verladen wurde. Bei der Aussaat des Weizens stellte sich später heraus, daß das Klima und der Boden für den Weizen zu rauh waren. Aber das Unkraut "schoß ins Kraut", gedieh prächtig und gab den dunklen, kernigen Roggen. Noch bis zur Jahrhundertwende säte der Bauer in Sibirien ein Gemisch aus Weizen und Roggen aus. Wurde das Frühjahr warm und feucht, der Boden weich, und zeigte sich die Sonne im Sommer, so ging der Weizen auf. Blieb es kühl und rauh, standen die Ähren des Roggens auf den Feldern.

Roggenbrot und Roggenmischbrot sind heute die beliebtesten Brotsorten der Deutschen. Mehr als ein Viertel des Gesamtverzehrs an Brot und Brötchen entfallen auf die Roggenlaibe.

Das Brotbacken mag uns als etwas sehr Einfaches erscheinen. Und doch setzte es einen langwierigen Entwicklungsprozeß voraus. Die Getreidekörner wurden in grauer Vorzeit roh gegessen. Später röstete man sie und weichte sie in Milch oder Wasser ein. Das Mahlen des Getreides war ein weiterer Schritt zur Brotkultur. Getreidebrei und -grütze waren die nächsten Schritte.

"Pulte, non pane vixisse longo tempore" (von Brei, nicht von Brot haben sie lange gelebt), schrieb Plinius d.Ä. über die Römer. Aus Hafer oder Gerste konnte man schließlich flache Fladen auf einem heißen Stein oder in der Herdasche garen. Aus beiden Getreidearten ließ sich jedoch nur schlecht "richtiges" Brot backen.

Erst der Anbau von Weizen machte es möglich, einen Teig herzustellen, der mit einem Treibmittel aufging und in einem geschlossenen Ofen zu einem duftenden, knusprigen Gebilde wurde, das wir als Brot bezeichnen können.

Mit dem Weizen, dem "König der Getreide", der zuerst in den Flußtälern von Euphrat und Tigris angebaut wurde, kam auch die Kunst des Brotbackens.

Es klappert die Mühle...

Bevor aus den Körnern des Getreides der Brotteig werden kann, müssen sie von ihrer Schutzhülle, dem "Spelz", durch Dreschen befreit und gemahlen werden.

Eine ägyptische Steinskulptur aus der 5. Dynastie (ca. 2450 v.Chr.) zeigt eine Sklavin, die vor einem flachen Stein kniet und mit einer Steinrolle Getreidekörner darauf zerquetscht: Das erste Modell einer Walzenmühle, wie man sie heute noch bei manchen Naturvölkern findet. In China wurde zur gleichen Zeit bereits mit dem Mörser gemahlen: Das Korn kam in einen steinernen Topf und wurde darin mit einem steinernen Stössel zerkleinert.

Meistens erledigten Frauen diese mühselige, langweilige und schwere Arbeit. Offensichtlich hatten die Männer deshalb lange Zeit wenig Interesse, über technische Verbesserungen beim Kornmahlen nachzudenken. Erst im 8. Jahrhundert v.Chr. ersann man den waagrechten, runden Mühlstein, der auf einem festen, größeren Stein gedreht wurde. Aber immer noch wurde er von Frauen an langen Hebeln bewegt, wie wir aus dem alten Rom des 1. Jahrhunderts wissen.

DAS TÄGLICHE BROT SEIT 6000 JAHREN

Alte Wassermühle im Allgäu.

Das Innere der „Mahlstube".

Anderswo war man schon schlauer. 88 v.Chr. gab es in Kabira, in Kleinasien, eine Mühle, deren waagrechter Stein von Wasserkraft betrieben wurde. Bis zum Jahr 50 n.Chr. waren Mühlen mit Wasserrädern im gesamten römischen Reich bekannt. Nur in Rom selbst war Sklavenkraft immer noch billiger als Wasserkraft.

Als der Ostgotenkönig Totila im Jahr 546 n.Chr. die Stadt Rom belagerte, brachte er Schiffsmühlen zum Einsatz. Wasserräder wurden auf Schiffe montiert, die im Tiber verankert waren. Die Flußströmung betrieb die Mühlen, von deren Mehl die Gotenkrieger ihr Brot buken. Die Stadt Rom hungerte währenddessen. Ab dem 7. Jahrhundert klapperten in ganz Europa die Wassermühlen an Bächen und Flüssen.

Den Wind als Antrieb für die Mühlsteine entdeckte man erst im 12. Jahrhundert, vor allem in den Gebieten des rauhen europäischen Nordens und an der Atlantikküste. Dort pfiff der Wind reichlich, dafür gab es wenig Strömung in den Wasserläufen.

Nach Wasser und Wind wurde auch das dritte Element zum Mahlen von Korn eingesetzt, das Feuer. 1786 lieferte in London die erste Dampfmühle ihren ersten Sack Weizenmehl an das englische Königshaus. (Sie war übrigens noch bis vor 20 Jahren in Betrieb). Die Entwicklung zur elektrischen Mühle war nur noch eine Frage der Zeit. Der Weg zu den modernen Steinmühlen, Kugelmühlen, Rohrmühlen, Glockenmühlen, Fliehkraftmühlen, Prallmühlen, Schleudermühlen, Walzenmühlen und Vakuummühlen begann jedoch mit dem buntbemalten Figürchen der kleinen Ägypterin, die vor fast 4500 Jahren ihr Korn auf einem Stein zerrieb.

Chemie aus Ägypten

Ägypten ist eines der ältesten Kulturländer. In seiner Frühzeit war es etwa so groß wie Belgien. Die alten Ägypter waren nicht nur die ersten "Nahrungsmittelchemiker", sie sind auch für den Begriff "Chemie" verantwortlich.

Während alle anderen Völker des Altertums einen Gärvorgang als Fäulnis, sauer riechende Verderbnis, Gesundheitsbedrohung und damit als "unrein" ansahen, experimentierten die Ägypter munter damit herum. Sie fanden heraus, daß das Zufallsprodukt "Sauerteig" für das Gären im Brotteig verantwortlich ist, daß der Sauerteig sich selbst vermehrt, wenn man ihn gut behandelt, und daß das Brot blasig und großporig wird, wenn man zuviel davon in den Teig gibt. Es war bei Strafe verboten, Sauerteig wegzuwerfen. Er wurde im Haus gehütet, wie das Herdfeuer und das Trinkwasser. Die Söhne des Nils erkannten die Wichtigkeit des guten, wiederholten Durchknetens des Teigs und taten dies mit den Füßen. Der griechische Dichter Herodot meinte, die Ägypter seien das einzige Volk, das den "Brotteig mit den Füßen und den Lehm mit den Händen" knete.

Schließlich gelten die Ägypter auch als die Erfinder des geschlossenen Backofens. Ein hohler Kegel aus Nilschlamm wurde innen mit einer Metall- oder Steinplatte geteilt. Von unten wurde geheizt, die bemehlten Brote legte man auf die Platte, dann wurde das Backloch dicht verschlossen. Erst nach dem Ende der genau vorgeschriebenen Backzeit wurde das Loch wieder geöffnet.

Fortan war für Ägypten Brot das Maß aller Dinge. Die Felder, auf denen der Weizen wuchs, gehörten dem Pharao persönlich, die Bauern, die dort schufteten, waren seine Leibeigenen. Die Bibel schildert, wie Joseph den Ägyptern im Namen des Pharao zunächst Getreide für Geld verkaufte, dann bei fortschreitender Teuerung ihr Vieh gegen Getreide abnahm und schließlich in Pharaos Namen das Land kassierte, die Bauern zu Leibeigenen machte und alles dem Pharao wie auf dem Silbertablett servierte.

Allerdings ging der Herrscher damit auch die Verpflichtung ein, dafür zu sorgen, daß seine Arbeiter nicht verhungerten. Ägypten führte eine straffe "Planwirtschaft" ein und konnte von seinem Weizen sogar in andere Länder exportieren.

Natürlich konnten die Ägypter die chemischen Vorgänge beim Backen nicht erklären. Sie wußten nichts von Hefepilzen, Enzymen und der Umwandlung von Alkohol und Kohlensäure. Sie verließen sich auf Beobachtungen und Erfahrungen, die sie im Lauf der Jahrhunderte gemacht und an nachfolgende Generationen weitergegeben hatten.

Das mußte ihren Nachbarvölkern unheimlich sein. Vor allem den Juden, die in der ägyptischen Gefangenschaft erlebten, wie aus einem blassen Teigklumpen ohne

Das tägliche Brot seit 6000 Jahren

menschliches Zutun ein warmes, knuspriges Brot wurde. Ihr eigener religiöser Ritus wurde ja schließlich vom "ungesäuerten Brot" bestimmt. Und so galt bald alles, was geheimnisvoll und nicht gleich erklärbar war, als ägyptisch.

Die Ägypter selbst nannten sich "chemet" - Söhne der schwarzen Erde Chemi, die als Göttin verehrt wurde. Als die Araber später nach Spanien kamen, behielten sie das ägyptische Wort als Begriff für Unerklärbares in der Natur bei und wandelten es zu "al Kimya" (wobei "al" lediglich der Artikel ist). Daraus entstanden unsere Worte "Chemie" und "Alchemie".

Der Brötchengeber ist der Lord

Die Römer glaubten, daß ihnen der Naturgott Pan das Brot gebracht habe. Daher nannten sie es "panis". Von diesem Wortstamm haben alle Sprachen mit lateinischer Wurzel ihre Bezeichnung für Brot abgeleitet: Pan, pane, pão, pain.

Die ältere lateinische Bezeichnung ist jedoch "gleba", was ursprünglich "Scholle, Erde" bedeutet (das Wort "Globus" kommt übrigens daher). Später wandelte sich der Wortsinn zu "Kugel" und schließlich zu "Brot".

Das russische Wort "Chleb" für Brot leitet sich davon ab. Auch in anderen slawischen Sprachen gibt es "Gleba" oder lautverwandte Wörter.

Der Bäckermeister schiebt die Brote in den Ofen, während der Geselle den Teig abwiegt. Im Hintergrund werden Pastetenformen in den Ofen gestellt. Holzschnitt von Pierre le Rouge, 1499, aus „Calendrier des Bergères".

Das deutsche Wort "Brot", das englische "bread" und die skandinavischen Varianten von "bröd" sind erst seit dem 11. Jahrhundert gebräuchlich. Wahrscheinlich kommt der Begriff vom Vorgang des Gärens bei der Herstellung des Brots. "Brheu" heißt keltisch "wallen, gären" (englisch: "brew"). Unser Wort "brauen" leitet sich ebenfalls davon ab, wie auch der Begriff, in dem das Brot direkt vorkommt: "brodeln".

Weit älter ist der Name, den die germanische Sprachfamilie dem Brot vorher gegeben hatte: "hlaif". Dieses keltische Urwort hat sich bei uns noch im (Brot-)"Laib" erhalten.

Mancher englische Adelige würde sich sehr wundern, wenn er wüßte, woher sein Titel kommt. Aus "hlafeard", dem "Brotgeber", wurde "Lord", und aus "hlafdigge", der "Brotkneterin", wurde "Lady".

Ein Denkmal für den Bäcker

Bei den Kindern Israels war das Brotbacken zunächst Frauensache. Nach dem "Buch der Richter" durften nur die Hausfrauen selbst, nicht aber ihre Mägde den Brotteig mit den Händen berühren. Zu Jesu Zeiten gab es dann schon den Berufsbäcker in jeder Stadt, in Jerusalem sogar eine ganze Bäckerstraße. Die Arbeit mit der Teigschüssel, dem Backbrett und am heißen Ofen oblag jetzt den Männern.

Im alten Ägypten war das Brotbacken sogar Staatsaufgabe. Damit ergab sich von selbst, daß der Bäcker seinen Beruf im Auftrag des Pharao ausübte. Wie wir auf einem Wandbild aus dem Königsgrab des Pharao Ramses VI. sehen, war eine ganze Menge Menschen in einer Hofbäckerei tätig, die arbeitsteilig Aufgaben zur Brotherstellung übernahmen: Teigstampfer, Wasserträger, Kneter, Sauerteigmischer, Heizer, Ofenbeschicker, Träger u.a.

Hofbäckerei des Pharao Ramses VI. Nach einer Grabmalerei (ca. 1190 v.Chr.)

Von Plinius d.Ä. wissen wir, daß es in Rom um das Jahr 175 v.Chr. berufsmäßige Bäcker gab. Meist waren es freigelassene Sklaven (vor allem Syrer oder Phönizier), die das Brotbacken im Haushalt ihres ehemaligen Herrn gelernt und sich später mit diesem "know-how" selbständig gemacht hatten. Manche dieser "pistores" gelangten zu hohem Ansehen und Reichtum. Ihre Kunden, die wohlhabendsten Familien der Stadt, vergaßen dann schnell die niedere Herkunft ihres Bäckers. Einer von ihnen, Marcus Vergilius Eurysaces, ließ sich sogar ein pompöses, 12 Meter hohes Grabmal errichten, auf dem in Halbreliefs die Kunst des Backens dargestellt ist. Das Denkmal wurde Mitte des letzten Jahrhunderts in der Nähe der Porta Maggiore in Rom freigelegt.

Auch eine Bäckerzunft, "corpus pistorium", mit besonderen Standesprivilegien und hohem politischen Einfluß gab es bereits.

Unter den flavischen Kaisern wurde der freie Gewerbestand der Bäcker aufgelöst, und sie wurden Staatsbeamte und Lohnempfänger. Die Stadt Rom mußte 40 000 arbeitslose Almosenempfänger mit staatlichem Brot versorgen, die erste "Brot-Lebensmittelkarte" wurde eingeführt. Diese "tessera frumentaria" war eine Bronzemünze mit dem Bild des Kaisers und berechtigte zum unentgeltlichen Bezug von Brot. Zu Cäsars Zeiten, etwa um 50 v.Chr., waren es schon 200 000, denen "panem et circenses" - (Brot und Zirkusspiele) gratis angeboten wurden - bei etwa 600 000 Einwohnern.

Die Brot-Lebensmittelkarte und die freie Verteilung von Einheits-Brot an die Hungernden begegnet uns wieder während der Französischen Revolution.

Wie stolz waren doch die Franzosen schon im 14. Jahrhundert auf die Vielzahl von Brotsorten, die der "boulanger" (von "boule", der Teigkugel) backen konnte. Du Cagne zählt in seinem "Glossaire de la Basse Latinité" über 20 Sorten auf, darunter "Hofbrot", "Papstbrot", "Ritterbrot", "Artistenbrot", "Weizenbrot", "Grafenbrot", "Lakaienbrot" und das einfache Brot für das Volk, das "Pain de Boulanger".

Die Französische Revolution hatte den Niedergang des Bauernstands bewirkt (der "Bürger" wollte nicht mehr aufs Feld), der Zustand des Handels, des Transportwesens sowie der Straßen und Wege war katastrophal. Die Nationalversammlung verwaltete nur noch den Hunger. Sie führte die Brotbezugskarte ein und teilte das wenige verfügbare Brot zu. Es gab nur noch eine Brotsorte, das "Pain d'Égalité" - das gleiche, und zwar gleich schlechte Brot für alle.

Aus etwa einem Dutzend Brotsorten konnte die englische Hausfrau um das Jahr 1400 auswählen, wenn sie bei einem "public baker" auf dem Brotmarkt oder der "Breadstreet" in London einkaufen ging. "French Bread" (etwa dem Baguette vergleichbar) gab es ebenso wie die heimischen Sorten "Maslin", "Wastel", "Simnel", "Manchet" und "Pandemayne" mit den Christus-Insignien IHR darauf. Sogar Vollkornbrot der Sorten "Tourte" und "Bis" konnte man erstehen. Daneben gab es Brot in allen möglichen Formen, Farben und mit den verschiedensten Zusätzen wie Petersilie, Rosmarin, Nelken, Basilikum und Lorbeer. "Gale" wurde mit Safran gelb gefärbt, und Sandelholz gab dem "Saunders" eine abenteuerliche Pink-Farbe.

Der Beruf des Bäckers genoß hohes Ansehen, seine Bedeutung für die Ernährung der Menschen wurde anerkannt.

Die Bäckerzünfte hatten strenge Aufnahmeregeln. Ein Bäckergeselle mußte nach dreijähriger Lehre fünf Jahre auf Wanderschaft gehen, bevor er sich als Meister niederlassen durfte. Vom Stadtmagistrat bestimmte Brotschätzer und Schaumeister prüften Qualität, Ausgebackenheit und Gewicht des Brots und sorgten so für den ersten Verbraucherschutz.

Der Sachsenspiegel legte per Gesetz fest, daß der Mord an einem Bäcker durch einen freien Mann mit dreimal soviel "Freigeld" (Geldstrafe) bestraft wurde wie der an einem anderen Menschen.

Unter Ludwig XI. von Frankreich (1461 bis 1483) waren nur die Bäcker vom Militärdienst befreit und brauchten auch nicht auf Schildwacht zu gehen.

Dabei waren die Bäcker durchaus wehrhafte Leute. Als die Türken Wien belagerten, hatte die Kompanie der Bäcker die Löwenbastei zu halten. Gerade dort waren die Kämpfe besonders blutig, und die Bäcker hatten hohe Verluste. Doch sie konnten das Eindringen der Türken verhindern. Kaiser Karl IV. verlieh ihnen daraufhin das Privileg, zwei Löwen und ein Schwert im Zunftwappen zu führen.

Auch ein anderer Kaiser konnte den Bäckern dankbar sein. Kaiser Ludwig der Bayer war gegen seinen österreichischen Vetter Friedrich den Schönen zu Felde gezogen. Neben allen anderen Münchner Zünften

Zeichnung von Ulrich von Richenthal: Mobile, auf eine Schubkarre montierte Straßenbäckerei beim Konzil in Konstanz, 1414 - 1418.

Der Weingott Dionysos besucht eine griechische Familie. Das Brot zur Begrüßung steht auf dem Löwentisch. (Halbrelief, ca. 5. Jrh. v.Chr.)

Römische Familie bei der Vesper mit Weizenbrötchen. (Sandstein-Halbrelief ca. 95 n.Chr.)

hatten auch die Bäcker ein Regiment zu stellen. In der entscheidenden Schlacht von Mühldorf (1322) sah es für den Kaiser zunächst nicht gut aus. Er selbst war mit der Kavallerie eingeschlossen und hatte wenig Aussichten, der Gefangenschaft oder gar dem Tod zu entgehen. Da rückten die Münchner Bäcker heran und hieben den Kaiser heraus. Gleichzeitig wendete sich das Kriegsglück, und Ludwig konnte schließlich mit einem siegreichen Heer heimkehren. Seitdem durften die Münchner Bäcker den Kaiseradler und zwei Schwerter in das Zunftwappen aufnehmen.

Nicht zuletzt durch solchen Einsatz für die Gemeinschaft und unter dem Schutz der Obrigkeit erwarben sich die Bäcker auch politischen Einfluß. Wie schon die "pistores" im alten Rom, bekleideten auch die Bäcker des Mittelalters immer mehr öffentliche Ämter. Die Bäckerzunft bestimmte ganz wesentlich die Geschicke ihrer Stadt mit. Gelegentlich nahm sie allerdings auch auf die Brotgesetze und vor allem den Brotpreis Einfluß. Nicht immer zum Nutzen der anderen Bürger. "Wo zuviel Bäcker im Rate sein, leidet bald Not die ganze Gemein".

Die vierte Bitte im Vaterunser

Die besondere Stellung des Bäckers hing natürlich auch mit dem Produkt zusammen, das er herstellte.

Schon seit alten Zeiten war das Brot in der westlichen Kultur nicht nur unverzichtbares Nahrungsmittel, sondern stand als Symbol für die Zusammenfassung all dessen, was den Unterhalt unseres Lebens ausmacht.

Wir sprechen von "Broterwerb", "Brotherrn", "brotloser Kunst", "Brotneid", "Brot und Freiheit" und dem "höhergehängten Brotkorb".

"Brot bricht Not" wußten schon die Alten. Damit nie Mangel an Brot herrsche, wurden die Götter angefleht.

DAS TÄGLICHE BROT SEIT 6000 JAHREN

Die alten Ägypter wandten sich an ihre Schwarze-Erde-Göttin Chemi um Hilfe, wenn Ackerbau, Brotbacken und Bierbrauen gut gelingen sollten. In späterer Zeit übernahm der Sonnengott Rah das Amt des Nothelfers.

Bei den Griechen hielt die Göttin Demeter ("Mutter des Volks") ihre schützende Hand über die Ähren des Feldes und Asche des Backofens. Sie sandte den Halbgott Triptolemos ("Dreimalpflüger") aus, um die Menschen die Kunst des Ackerbaus zu lehren. Man gab ihr auch die Beinamen "Megalartios" ("Herrin der großen Brote") und "Himalis" ("Bäckerin"). Ganz Griechenland füllte freiwillig die Getreidekammern des Demeter-Tempels in Eleusis.

Die Römer glaubten ja, daß sie das Brotbacken vom bocksfüßigen Halbgott Pan gelernt hätten. Den Schutz von Scholle und Herd, von Ähre und Brot vertrauten sie jedoch lieber einer "Fachgöttin" an. Der Göttin Ceres wurde ein ähnlicher Kult zuteil, wie ihn Demeter in Griechenland genoß.

Im Christentum spielt das Brot als Symbol eine herausragende Rolle. Die Bibel ist voll von Hinweisen und Geschichten, in denen auf das Brot Bezug genommen wird.

Der Geburtsort von Jesus, Bethlehem, heißt "Haus des Brots". Als Jesus in der Wüste fastete, sprach der Teufel zu ihm: "Bist du Gottes Sohn, so sprich, daß diese Steine Brot werden". Schließlich die Bergpredigt, bei der 5000 Menschen von sieben Broten und Fischen gespeist werden.

Dankbarkeit für die Gottesgabe und christliche Scheu (Jesus spricht: "Ich bin das Brot des Lebens") hat manchen liebenswerten Brauch im Umgang mit dem Brot bis in unsere Zeit erhalten. Noch immer werden in einigen ländlichen Gegenden drei Kreuze in den Teig des selbstgebackenen Brots geritzt. Manche Bäuerin macht heute noch das Kreuzzeichen über dem Brotlaib, bevor sie ihn anschneidet. Früher mußte der Bauer drei Vaterunser beten, wenn er im Angesicht eines Brots geflucht hatte. Ein Brot, das auf dem Rücken lag, brachte Unglück über das Haus, und eines, das auf den Boden gefallen war, mußte geküßt und um Verzeihung gebeten werden.

Niemals legte man das Brot auf den blanken Tisch. "Bette dein Brod auf ein reines Tuch", schrieb der "Rathgeber für achtbare Töchter" 1834, "auf daß der beste Freund des Menschen nicht hart liege".

aus der Backstube

Das Bäckerhandwerk hat besonders in diesem Jahrhundert dazu beigetragen, daß das Angebot an Brot und Brötchen riesig groß geworden ist.

Neben den Klassikern produziert jeder Landstrich und jeder einzelne Bäcker seine Spezialitäten. Weltweit hat Deutschland das abwechslungsreichste Brotsortiment. Auch die Palette der gesunden Vollkorngebäcke wird immer größer.

Dennoch ist auch das Brotbacken im eigenen Ofen beliebt. Die Gründe hierfür sind sicher vielfältig. Mancher möchte sichergehen, daß keine Backmischungen mit Zusatzstoffen verwendet werden, oder es gibt Allergien in der Familie. Oft ist es aber nur der Spaß an der Freude, denn allein der Duft von frischgebackenem Brot macht uns zu Wiederholungstätern.

Klassisches und Neues zum Ausprobieren finden Sie in diesem Buch in Hülle und Fülle. Zudem erfahren Sie auf den nächsten Seiten noch einige kleine Bäckergeheimnisse, beispielsweise über die Aufgaben der Zutaten Mehl, Fett, Eier oder der Lockerungsmittel im Teig.

MEHL – IN TRAGENDER ROLLE

Das Mehl ist Hauptbestandteil der meisten Teige. Die verschiedensten Getreidearten wie Weizen, Roggen, Hafer, Gerste oder auch die zum Backen seltener verwendeten Arten wie Hirse, Mais und Reis lassen sich zu Mehl vermahlen. Für feine Backwaren wird zumeist Weizenmehl verwendet, denn Weizen enthält als einziges Getreide das sogenannte "Klebereiweiß". Dieses verleiht dem Teig besonders gute Backeigenschaften. Das Klebereiweiß befindet sich zusammen mit der Stärke im "Mehlkörper" des Korns. Er macht etwa 85% des gesamten Korngewichts aus.

Kleber und Stärke - das Mehlduo im Weizen

Kleber und Stärke sind verantwortlich für die Ausbildung der Struktur des Gebäcks, der Bäcker spricht hier von der Krume.

Der Kleber bildet mit Wasser und durch Kneten ein Gerüst aus, das den Teig elastisch und dehnbar macht. Dabei bindet der Kleber 200 bis 300 Prozent seines Eigengewichts an Wasser. Zudem umschließt das Klebergerüst die bei der Lockerung entstehenden Gase wie eine dünne Haut.

Wenn sich beim Backen die Gase durch die Hitze ausdehnen, verhält sich der Kleber wie eine Gummimembran, das Gebäck kann aufgehen. Wird die Temperatur höher, gibt der Kleber sein Wasser ab, gerinnt und erstarrt, wodurch die Struktur des Gebäcks gefestigt wird. Damit aber das Gebäck nicht trocken wird, tritt nun die Stärke in Aktion. Sie verkleistert durch die Hitzeeinwirkung und quillt, da sie das freiwerdende Wasser des Klebers aufnimmt. Durch dieses raffinierte Zusammenspiel erhalten also unsere Brote und Brötchen ihre typische Struktur.

Unterschiedliche Klebergehalte

Um auch in den vollen Genuß dieser Erkenntnisse zu kommen, ist es wichtig zu wissen, welches Mehl viel Kleber enthält.

Grundsätzlich ist der Klebergehalt des Weizenkorns abhängig von Sorte, Witterungsverhältnissen und Düngung. Man spricht hier von kleberschwachen und kleberstarken Mehlen.

Bäcker können sogar extra Klebereiweiß kaufen. Im Lebensmittelhandel verrät uns die Packungsaufschrift jedoch nichts über

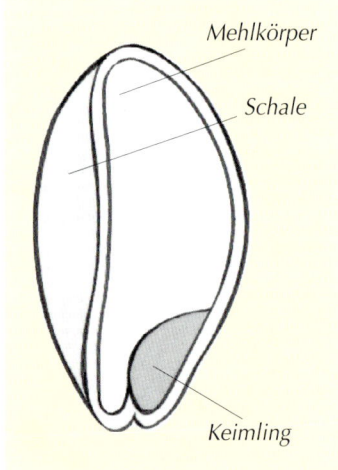

Mehlkörper
Schale
Keimling

Kornquerschnitt

Ascorbinsäure (Vitamin C) fördert die Klebergerüstbildung (siehe Praxistip Nr. 3, Seite 33).

Tips aus der Backstube

die Klebermenge. Meist erhalten wir Mischungen aus verschiedenen Sorten, die einen mittleren Klebergehalt aufweisen. Markenmehle sind meist von höherer Qualität.

Die Quellstoffe im Roggen

Roggenmehl enthält nur wenig Kleber, dafür ist es aber besonders quellfähig. Diese Eigenschaft wird durch den Sauerteig unterstützt. Roggenteige sind ganz anders beschaffen als Weizenteige - die Teigbestandteile werden nicht durch ein elastisches, dehnbares Gerüst zusammengehalten, sondern der Teig ist zäh und klebrig. Wird ein Teigstück etwas gezogen, reißt es im Gegensatz zu Weizenteigen schnell ab. Der Bäcker nennt das "kurz abreißend". Die Quellstoffe nehmen mehr Wasser auf, wodurch der Teig klebriger wird. Er muß mit dem Teigschaber von Schüssel und Knethaken abgekratzt werden und muß mit reichlich Mehl auf Händen und Arbeitsfläche verarbeitet werden. Mangels Kleber haben Roggenteige nur eine geringe Oberflächenspannung, daher werden die Brotform flacher und das Volumen kleiner als bei Weißbroten. Die Brotstruktur (Krume) ist fester und feinporiger, die Oberfläche wird durch die Gärgase etwas aufgerissen.

Geschmacklich ist Roggenbrot mit Natursauerteig durch sein typisches fein säuerliches Aroma unübertroffen. Zudem hat es eine appetitliche Kruste, ist sehr saftig und wird langsamer altbacken.

Gesundheit aus dem vollen Korn

Getreide ist weltweit das wichtigste Grundnahrungsmittel und ein wichtiger Ballaststofflieferant. Um unserer Gesundheit Gutes zu tun, sollten wir täglich mindestens 30 g Ballaststoffe zu uns nehmen. In ihren Genuß kommen wir allerdings nur, wenn wir das ganze Korn verzehren. Deshalb also der Ruf nach Vollkorngebäck.

Es spricht noch mehr für Vollkorn. Da sich in den Randschichten auch Vitamine und Mineralstoffe verstecken, wird ersichtlich, warum Getreide so wertvoll für unsere Ernährung ist. Besonders erwähnenswert ist der Anteil an Eisen, das Bestandteil der roten Blutkörperchen ist, sowie das knochenbildende Calcium. Zudem sind reichlich Vitamin B1 und B2 enthalten, die für die Verarbeitung der Kohlenhydrate, hier in Form von Stärke, benötigt werden.

Der einzige Vorzug von Weißmehl: Es hat bessere Backeigenschaften. Gebäck aus Weißmehl wird feinporiger, geht leichter auf und ist weniger empfindlich bei der Verarbeitung. Vergleichbare Eigenschaften hat eine Mischung aus Vollkornmehl mit einem guten Weißmehl. Das Vollkornmehl verleiht dem Gebäck einen leicht nussigen Geschmack.

Roggen enthält grundsätzlich mehr Ballaststoffe, und sein Mehl ist wesentlich dunkler.

Ersetzen Sie doch einfach mal die Hälfte des Weißmehls durch Vollkornmehl.

Kleiner Unterschied mit großer Wirkung

Wie unterscheiden sich nun die verschiedenen Mehltypen vom Vollkornmehl? Bei Vollkornmehl wird, wie der Name bereits ausdrückt, das ganze Korn verarbeitet. Auszugs- oder Weißmehl enthält dagegen weder Randschichten noch Keimling. Damit fehlen wertvolle Bestandteile des Korns.

Bei Roggen- und Weizenmehl können Sie den sogenannten Ausmahlungsgrad an der Mehltypennummer auf der Packung erkennen. Eine hohe Mehltypennummer bedeutet hohen Ausmahlungsgrad und damit höheren Ballaststoffgehalt. Je größer der Anteil der Randschichten, desto dunkler und gröber strukturiert sind Mehl und Gebäck.

Nur das als Vollkornmehl bezeichnete Mehl hat einen Ausmahlungsgrad von 100%. Allerdings enthält das im Handel erhältliche Vollkornmehl aus Haltbarkeitsgründen nicht den Keimling mit seinem wertvollen Keimöl. Wer in den Genuß des "vollen Korns" kommen möchte, muß sich das Mehl selbst mahlen, das am besten gleich verarbeitet werden sollte.

Definition der Typen

Der Mehltyp gibt an, wieviel Milligramm Substanz bei der Veraschung von 100 g Mehl zurückbleiben. Dieser Gehalt entspricht gleichzeitig dem Mineralstoffgehalt. In 100 g Weizenmehl Type 405 sind also 405 Milligramm Mineralstoffe enthalten. In 100 g Weizenmehl Type 1050 stecken 1050 Milligramm Mineralstoffe.

DIE GETREIDESORTEN

Neben **1) Weizen**, der weltweit wichtigsten Getreidesorte, gibt es eine ganze Reihe mehr oder weniger bekannter Getreidesorten.

2) Dinkel ist eine Urform des Weizens und wegen der geringeren Erträge gegenüber Weizen in Vergessenheit geraten. Dinkel eignet sich aufgrund des Klebergehalts hervorragend zum Backen. Er verleiht den Speisen einen aromatisch nussigen Geschmack.

Tips aus der Backstube

3) Grünkern: Wird Dinkel unreif, noch grün, geerntet und anschließend bei 120°C gedarrt, nennt man ihn Grünkern. Durch das Darren bekommt er sein unverwechselbares, herzhaft würziges Aroma.

4) Roggen wird hauptsächlich zur Brotherstellung verwendet. Da Roggen weniger Klebereiweiß enthält als Weizen, kann eine entsprechende Backfähigkeit nur durch Sauerteig oder Mischen mit Weizen erreicht werden.

5) Hafer ist der "fetteste" (7% Fett) Vertreter der Getreidesorten. Auch Hafer enthält keinen Kleber und muß deshalb zum Backen mit Weizen vermischt oder mit Hilfe von Eiern backfähig gemacht werden.

6) Gerste, das älteste in Europa kultivierte Getreide, wird hauptsächlich zur Bierherstellung verwendet. Zum Backen muß auch die Gerste, wie alle im folgenden genannten Getreidearten, mit Weizen gemischt werden.

7) Mais ist das härteste unter den Getreidekörnern. In der mexikanischen Küche werden aus Maismehl Tortillas und Tacos hergestellt. Maismehl kann auch in kleinen Mengen in Brot- oder Brötchenteigen verarbeitet werden.

8) Hirse zählt wie Hafer zu den Rispengräsern. Sie gilt als die älteste kultivierte Getreideart. Verzehren kann man die Hirse nur geschält. Da sie viel Eisen enthält, sollte auch der Hirse mehr Beachtung geschenkt werden. Hirsemehl kann in kleinen Mengen anstatt Weißmehl unter Teige gerührt werden.

9) Buchweizen gehört botanisch zu den Knöterichgewächsen und ist damit ein Verwandter von Rhabarber und Sauerampfer. Die Buchweizenkörner sind jedoch ähnlich wie Getreide und lassen sich wie dieses verarbeiten.

1 Weizenkörner
2 Schrot
3 Type 1700
4 Type 1050
5 Type 550
6 Type 405

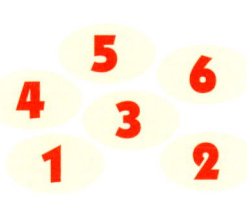

6)
7)
8)
9)

Worauf Sie beim Einkauf achten sollten

Wenn Sie ganze Getreidekörner direkt bei der Mühle, im Reformhaus oder im Bioladen kaufen, sollten Sie darauf achten, daß es von Mutterkorn gereinigt ist. Als Mutterkorn bezeichnet man eine Pilzerkrankung, die sich vor allem an Roggen findet. Anstelle des Korns bilden sich violett-schwarze Mutterkörner, die giftige Stoffe entwickeln. Sie können Übelkeit, Schwindel und Erbrechen hervorrufen. Sehen Sie deshalb das Getreide auf Mutterkorn durch und verlesen Sie es gegebenenfalls.

Da Getreide - auch aus biologischem Anbau - durch die Luftschadstoffe mit Schwermetallen belastet ist, empfiehlt es sich, "weißgereinigtes Getreide" zu kaufen. Bei der Weißreinigung wird die äußerste Schicht des Korns abgerieben. Hierdurch können die Schadstoffe entfernt werden. Ballaststoff-, Mineralstoff- und Vitamingehalt verändern sich dadurch nur unwesentlich.

Aufbewahrung und Haltbarkeit

Kühl, trocken, dunkel und luftig muß sowohl das gemahlene Mehl wie auch das ganze Korn gelagert werden. Kleine Mengen sind gut in Papiertüten im Schrank aufzubewahren, für größere Mengen ist ein Holzkasten zu empfehlen.

Am längsten haltbar sind ganze Körner und Auszugsmehle. Bei richtiger Lagerung können beide auch nach ein bis zwei Jahren noch verwendet werden.

Schnuppern Sie, bevor Sie älteres Mehl verarbeiten. Wenn es muffig riecht, ist es nicht mehr zu gebrauchen.

Nur 2 bis 3 Wochen lagerbar ist Mehl oder Schrot, das aus dem vollen Korn samt Keimling gemahlen wurde. Durch das Fett, das der Keimling enthält, wird das Mehl schnell ranzig.

Fertig abgepacktes Vollkornmehl in Reformhäusern und Supermärkten ist Schrot bzw. dunkles Mehl, bei dem vor dem Mahlen der Keimling entfernt wurde. Dadurch ist es rund 6 bis 9 Monate haltbar. Aufgedrucktes Mindesthaltbarkeitsdatum beachten!

Getreidemühlen

Reformhäuser und Naturkostläden sind in der Regel mit Mühlen ausgestattet und gerne bereit, Ihre Körner zu mahlen. Kleinere Mengen an grobem Schrot lassen sich sogar in einer Moulinette oder einer Kaffeemühle herstellen. Erst wenn Sie sicher sind, daß Sie in Zukunft regelmäßig Brot backen, ist der Kauf einer - immerhin mehrere hundert Mark teuren - Mühle sinnvoll. Mühlen werden nach dem Material, aus dem das Mahlwerk besteht, eingeteilt. Stahlkegel- und Keramikmahlwerke mahlen Getreide und ölhaltige Samen (Mohn usw.) und trockene Gewürze. Mahlwerke aus reinem Naturstein (Granit) oder kombiniertem Natur- und Kunststein sind ausschließlich für Getreide zu verwenden. Lassen Sie sich ausführlich beraten, achten Sie auch auf Lärmdämpfung, Mahlkapazität pro Minute und Wärmeentwicklung am Mahlwerk.

Wer nicht mehr als 500 g Mehl pro Backtag mahlen möchte, kann auch seine Küchenmaschine mit einem Getreidemühlenaufsatz nachrüsten.

HEFE BRINGT DAS GEBÄCK GROSS RAUS

Teige aus Mehl, Wasser und Salz ergeben keine luftigen Gebäcke. Deshalb haben sich die Bäcker seit Gründung ihres Handwerks auf die Suche nach Zutaten gemacht, die Teige lockern. Die Eigenschaften der Hefe wurden schon sehr früh entdeckt und zum Brotbacken genutzt.

Nach deutscher Geschichtsschreibung ist der Hefeteig schon über 400 Jahre alt und wurde von Nürnberger Bäckern erfunden. Sollte aber nach französischer Darstellung doch jener Pariser Bäcker der erste gewesen sein, der Bierhefe in seinen Brotteig mischte, dann gibt es Hefeteig seit 1665. Jedenfalls machte der Teig in Paris Karriere: Königin Maria-Theresia wollte nur noch Hefebrötchen essen.

Je nach Roggenmehlanteil werden heute Brot und Brötchen mit Hefe oder Sauerteig gelockert. Daneben entdeckte man auch die lockernde Wirkung von Hirschhornsalz, Pottasche und Natron. Heute stellt die Industrie Backpulver her, das uns das Backen besonders leicht macht.

Bei der Brotteigherstellung spielen sie alle nur eine untergeordnete Rolle. Gelegentlich wird Hirschhornsalz für Knäckebrotteige verwendet. Für besonders schnelle Brötchen finden Sie im Rezeptteil „Schnelle Leinsamenbrötchen" (Seite 72), die mit Backpulver zubereitet werden.

Hefe will verwöhnt sein

Wer die Vorlieben der Hefe kennt und ihr die entsprechenden Bedingungen schafft, wird feststellen, daß ein Hefeteig eigentlich ganz einfach zuzubereiten ist.

Die Nahrung der Hefe

Die Hefe besteht aus Zellen, die sich durch Sprossung vermehren. Um sich zu teilen, muß sich die Hefe aber zunächst ernähren. Sie nimmt durch ihre Zellmembran lösliche Stoffe aus dem Teig auf. Den Zucker spalten die hefeeigenen Enzyme in Traubenzucker, der die eigentliche Nahrung darstellt. Die Hefe hat nun zwei Möglichkeiten, den Traubenzucker zu verarbeiten: Steht, wie bei der Bierherstellung, kein Sauerstoff zur Verfügung, produziert die Hefe Alkohol und Kohlensäure. Im Teig dagegen produziert die Hefe Wasser und Kohlensäure aus Traubenzucker und Sauerstoff. Die Kohlensäure, von vielen Hefezellen produziert, läßt den Teig aufgehen.

Die ideale Temperatur

Richtig wohl fühlt sich die Hefe bei einer Temperatur von 30 bis 35°C. Damit sie sich schnell vermehrt, sollte das Mehl Zimmertemperatur haben und die Flüssigkeit lauwarm sein. Am besten ist es, auch Butter und Eier zimmerwarm zum Teig zu geben. Über 45°C wird die Hefe geschädigt, deshalb dürfen die Zutaten auch nicht zu warm zugegeben werden.

Damit die Hefe sich allmählich vermehren kann, wird meist ein Vorteig hergestellt. Wenn dieser zu schäumen beginnt, kann er mit den übrigen Zutaten zu einem Teig verknetet werden. Die Hefe braucht anschließend wieder etwas Zeit, damit die gewünschte Lockerung erzielt wird.

Am liebsten ruht der Teig an einem warmen, zugfreien Ort. Das beste Ergebnis erzielen Sie, wenn der Teig im leicht angewärmten Ofen geht. Damit der Teig dabei nicht antrocknet, d. h. eine Haut auf der Oberfläche bildet, wird die Schüssel in eine Plastiktüte gesteckt.

Anschließend sollte der Teig nochmals kräftig geknetet werden, die Bäcker nennen das "zusammenschlagen". Dabei wird die Kohlensäure ausgestoßen und Sauerstoff eingeschlagen. Die Hefe erhält dadurch wieder neuen Sauerstoff, so daß beim letzten Gehen auf dem Blech oder in der Form besonders viel Kohlensäure produziert werden kann.

Wer den Hefeteig so behandelt, erhält ein wunderbar lockeres Gebäck mit gleichmäßigen Poren.

Um beim Backen von Frühstücksbrötchen Zeit zu sparen, kann der Teig schon am Vorabend zubereitet werden. Bei niedriger Temperatur im Kühlschrank erfolgt das Gehen - die sogenannte Ballengare - langsam über Nacht. Anschließend mit warmen Händen durchkneten, um die Gare wieder anzuregen.

TIP

Hefe kommt entweder als frische Hefe, zu Würfeln gepreßt, oder als Trockenhefe in den Handel. Frische Hefe sollte vor der Verwendung immer mit lauwarmer Flüssigkeit angerührt werden. Das Trockenhefe-Granulat braucht man nicht mehr aufzulösen, es wird gleich mit dem Mehl vermischt.

Hefereste kann man 2 bis 3 Monate lang einfrieren. Die aufgetaute Hefe wird zähflüssig, die Triebkraft wird dadurch nicht beeinträchtigt.

Wenn Ihre Schüssel zum Anmischen des Hefeteigs nicht groß genug ist, können Sie das mit dem Salz vermischte Mehl auf das Backbrett häufen und eine tiefe Mulde hineindrücken. Das Hefe-Wasser in die Mulde gießen und vorsichtig von innen nach außen mit dem Mehl verrühren. Ein hölzernes Backbrett ist dabei besser als Marmor, weil Holz wärmer ist als Stein.

VOM BROTTEIG BIS ZUM KLEINGEBÄCK

Der ursprünglichste aller Hefeteige ist der einfache Brotteig aus Mehl, Hefe, Wasser und Salz. Dieser Grundteig kann durch weitere Zutaten fast endlos angereichert und variiert werden. Feines Hefegebäck enthält zusätzlich Fett, meist Butter, Milch (eventuell auch Buttermilch oder Joghurt) und Eier.

Hefeteig, Grundrezept

einfach, braucht Zeit, zum Einfrieren

Teigmenge für eine Brotform von 20 x 12 cm, 8 cm hoch

- 1/2 TL Zucker
- 1/4 l lauwarmes Wasser
- 1 Würfel frische Hefe, 42 g
- 500 g Weizenmehl, Type 405
- 2 TL Salz

Den Zucker im lauwarmen Wasser verrühren. Die Hefe hineinbröckeln und auflösen. Das Gefäß zugedeckt an einem warmen Ort etwa 10 Minuten stehen lassen, damit die Hefe geht.

Inzwischen das Mehl mit dem Salz in der Rührschüssel der Küchenmaschine mischen. Das Hefe-Wasser zugießen und alles mit dem Knethaken gut 5 Minuten verarbeiten. In dieser Phase kann zu weichem Teig noch etwas Mehl zugegeben werden; in zu festen Teig löffelweise Milch einarbeiten.

Der Teig kann insgesamt 10 Minuten in der Küchenmaschine geknetet werden. Schöner wird er allerdings, wenn Sie den Teig nach 5 Minuten in der Maschine weitere 5 Minuten von Hand mit einem Holzlöffel schlagen.

Danach auf die bemehlte Arbeitsfläche legen und von Hand 5 Minuten kneten, dann zu einer Kugel formen, mit der feuchten Handfläche darüberstreichen und die Teigkugel zurück in die Rührschüssel legen. Mit einer Plastiktüte umhüllt im 35°C warmen Ofen etwa 30 Minuten gehen lassen. Dabei sollte sich sein Volumen verdoppeln.

Vor dem Formen den Teig nochmals auf der bemehlten Arbeitsfläche kurz kneten. Dann in die gewünschte Form bringen und vor dem Backen noch einmal gehen lassen.

Nährwerte insgesamt
Kilokalorien 1850, Kilojoule 7730, Eiweiß/g 58, Kohlenhydrate/g 364, Fett/g 6, Ballaststoffe/g 11,0

Süßer Hefeteig

- 60 g Zucker
- 1/4 l lauwarme Milch
- 1 Würfel frische Hefe, 42 g
- 500 g Weizenmehl, Type 405
- 1 gestrichener TL Salz
- 60 g Butter
- 2 Eier

Von der Zuckermenge 1 Teelöffel abnehmen und mit der lauwarmen Milch verrühren. Die Hefe hineinbröckeln und auflösen. Das Gefäß zugedeckt an einen warmen Ort stellen und die Hefe gut 15 Minuten gehen lassen.

Das Mehl mit dem restlichen Zucker und dem Salz in die Rührschüssel der Küchenmaschine sieben.

Die Butter zerlassen und, wenn sie abgekühlt ist, mit den Eiern verrühren.

Hefe-Milch und Butter-Eiermischung in die Rührschüssel gießen und alles mit dem Knethaken zu einem Teig verarbeiten.

Danach verfahren, wie bei "Hefeteig, Grundrezept" beschrieben.

TIPS AUS DER BACKSTUBE

PLUNDERTEIG

Auch wenn die wenig respektvolle Bezeichnung es nicht nahelegt, handelt es sich beim Plunderteig um höchst erlesenes Backwerk. Der Plunderteig ist für mehr oder weniger süße Backwaren die edlere Variante des Hefeteigs. Im Plunderteig verbinden sich die besten Eigenschaften zweier, an sich schon hervorragender Teige. Er ist weich und saftig wie Hefe-, luftig und knusprig wie Blätterteig.

Tourieren oder Touren geben

Das Grundprinzip ist, daß in einen festen Hefeteig gekühlte Butter so eingearbeitet wird, daß durch wiederholtes Zusammenklappen und Ausrollen viele hauchdünne Teig- und Butterschichten einander abwechseln. Beim Backen schmilzt die Butter. Das darin enthaltene Wasser verdampft und treibt die Teigschichten auseinander - so wird der Plunderteig blättrig.

Dabei muß das Falten sehr exakt geschehen und das Ausrollen mit gleichmäßigem Druck, sonst blättert der Teig unregelmäßig, bleibt an einigen Stellen kleben und zerreißt.

Die einfache Tour: Den Teig, in den die Butter bereits eingepackt ist, zu einem langen Rechteck von etwa 2 cm Stärke ausrollen. Ein Drittel des Teigs einschlagen, das freie Drittel darüberlegen, so daß drei Teigschichten übereinander sind. Wieder zu einem langen Rechteck auswalzen. Überschüssiges Mehl entfernen.

Die doppelte Tour: Ein schmales Teigstück einschlagen, das andere Ende der Teigplatte bündig an die Kante legen. Das so entstandene Rechteck genau in der Mitte falten (= vier Teigschichten).

Teigschichten anrollen und spätestens jetzt in den Kühlschrank stellen. Je nach Raumtemperatur muß der Teig schon nach der einfachen Tour gekühlt werden. Eine einfache und eine doppelte Tour wiederholen.

Je nach Rezept kann das Tourieren leicht abweichend angegeben sein.

Plunderteig, Grundrezept

einfach, braucht Zeit, zum Einfrieren

- 1/8 l Milch
- 30 g frische Hefe
- 1 gestrichener TL Salz
- 80 g Zucker
- 2 Eier
- 500 g Weizenmehl, Type 405
- Mehl zum Bestäuben

Zum Einziehen
- 250 g Butter

Die kalte Milch mit 1/8 Liter kaltem Wasser mischen, darin die zerbröckelte Hefe, Salz und Zucker auflösen. Die beiden Eier zugeben und verquirlen. Mehl in eine Rührschüssel füllen, eine große Mulde in die Mitte drücken und die übrigen Zutaten hineingießen.

Mit dem Rührgerät zu einem glatten, elastischen Teig verarbeiten, der sich von der Schüssel löst. Mit Mehl bestäuben, mit einem feuchten Tuch bedecken und einige Stunden oder über Nacht in den Kühlschrank stellen.

Später oder am nächsten Tag: Den Hefeteig auf der bemehlten Arbeitsfläche in vier Portionen teilen und zu gleichmäßigen Platten ausrollen.

Die Butter in Scheiben schneiden und abwechselnd mit den Teigplatten schichten. Den Stapel etwas flachklopfen, ausrollen und drei einfache Touren oder zwei einfache und eine doppelte Tour geben.

Den Teig nach der ersten und dritten Tour mindestens 30 Minuten im Kühlschrank ruhen lassen.

Achtung: Wenn Sie bemerken, daß an manchen Stellen die blanke Butter durchkommt, das Tourengeben unterbrechen, sonst vermischen sich die Zutaten zu einer homogenen Masse, die nicht blättern kann.

##

Um Zeit zu sparen, setzen Sie den Hefeteig am Vorabend an und geben am nächsten Tag die Touren möglichst rasch hintereinander. Zeitaufwand: Am Vorabend 20 Minuten für den Hefeteig, Touren geben und Gebäck formen: gut 1 1/2 Stunden. Backzeit je nach Größe der Gebäckstücke: 10 bis 30 Minuten.

Der Hefeteig muß zum Ausrollen sehr gut gekühlt und dadurch relativ fest sein. Die Butter, die beim Tourieren eingerollt wird, sollte zwar kühl, aber nicht eiskalt sein.

Zum Backen: Plunder geht wie Hefeteig beim Backen auf, deshalb zwischen den einzelnen Gebäckstücken auf dem Blech ausreichend Platz lassen.

Alternative: Den Hefeteig in vier Stücke teilen und jeweils 3 bis 4 cm dick ausrollen. 10 Minuten ruhen lassen und noch dünner ausrollen (ca. 2 cm).

In die Mitte von drei Teigplatten je zwei dünne Scheiben Butter legen, aufeinanderschichten und mit der vierten Teigplatte abdecken. Die Teigränder rundherum fest zusammendrücken.

Das Teigpaket 2 bis 3 cm dick ausrollen, die Hälfte mit Butterflöckchen belegen und den Teig darüber zusammenklappen.

Noch einmmal die Hälfte mit Butter belegen, den Teig zu einem gleichmäßigen Paket zusammenklappen und leicht darüberrollen.

Den Plunderteig mit Folie bedecken und mindestens 30 Minuten in den Kühlschrank stellen, bevor er geformt wird.

Nährwerte insgesamt
Kilokalorien 1850, Kilojoule 7730, Eiweiß/g 58, Kohlenhydrate/g 364, Fett/g 6, Ballaststoffe/g 11

BROTBACKEN MIT SAUERTEIG

Der Sauerteig wird in den häuslichen Backstuben eher gemieden, da entweder Scheu vor dem Unbekannten besteht, oder die Zubereitung zu lang dauert. Geschmacklich ist ein Sauerteigbrot jedoch nicht zu überbieten.

Milchsäurebakterien sorgen für den angenehm säuerlichen Geschmack, da sie im Lauf der "Teigreifung" Milchsäure, Essigsäure, Alkohol, Kohlensäure und Aromastoffe in einem ausgewogenen Verhältnis bilden. Die Essigsäure wirkt zudem konservierend. Sauerteigbrote sind daher ohne Zusatzstoffe länger vor Schimmel geschützt. Neben Geschmacksbildung und Konservierung hat der Sauerteig bei Roggenbroten die Aufgabe, das Mehl quellfähig zu machen.

Ohne Säure ist ein Teig mit überwiegendem Roggenanteil nicht backfähig. Sauerteig wird in flüssiger Form, im Kunststoffbeutel, im Supermarkt oder Reformhaus angeboten. Außerdem finden Sie dort auch getrockneten Fertigsauerteigextrakt.

Da für die beiden Fertigprodukte nur Gehzeiten von insgesamt 1 bis 2 Stunden nötig sind, und die Handhabung sowie Vorratshaltung denkbar einfach sind, werden diese im Rezeptteil für die Herstellung der Sauerteigbrote verwendet.

Grundregeln
✓ Rechnen Sie **pro 500 g Weizen:** 1 Würfel frische Hefe, 42 g
✓ **pro 500 g Roggen:** 1 Beutel Flüssigsauer oder 1 Päckchen Sauerteigextrakt
✓ Andere Getreidesorten sollten Sie zu einem Gewichtsanteil von höchstens 1/3 zugeben.
✓ **Salz:** Geben Sie 2 Teelöffel pro 500 g Mehl zu.

Variationen: Der Rezeptteil bietet Ihnen bereits eine breite Palette an geschmacklichen Varianten und optischen Raffinessen. Natürlich können Sie nach eigener Phantasie experimentieren.

Würzen Sie große Roggenlaibe kräftig mit Kümmel und Koriander, mit Fenchelsamen und Anis.

Mischen Sie Hafer- und Gerstenschrot, Buchweizenmehl und Hirse unter.

Mengen Sie Rosinen unter feinen Weizenteig (in diesem Fall weniger salzen), Sonnenblumenkerne, Leinsamen, Sesam oder Pinienkerne in Mischbrote.

Backen Sie kleine, runde Vollkornbrötchen, die Sie deftig mit Speck, Zwiebeln und/oder Knoblauch anreichern.

Bestreuen Sie Brötchen vor dem Backen mit Mohn oder Sesam. Formen Sie aus Roggenteig kleine Stangen, die Sie vor dem Backen mit geriebenem Käse bestreuen.

Genießen Sie duftendes Kräuter- und luxuriöses Nußbrot.

ZUCKER

Er kann von der Hefe sofort vergoren werden. Die Hefegärung wird dadurch beschleunigt. Aus diesem Grund wird frische Hefe fast immer mit Milch oder Wasser und etwas Zucker angesetzt.

Rübensirup

Unter Rübensirup oder "Rübenkraut" versteht man den eingedickten Saft der frischen Zuckerrübe, ohne deren Pflanzenfasern und ohne nachträgliche Zusätze. Rübensirup hat einen angenehmen, an Malz erinnernden Geschmack. Er hat einen mit dem Honig vergleichbaren Nährwert. Rübensirup kann auch in kleinen Mengen Brotteig aromatisieren. Zudem färbt er das Gebäck leicht braun (Rezeptbeispiel "Bierbrot" siehe S.40).

Malzextrakt

Er wird aus eingeweichtem und gekeimtem Getreide gewonnen. In den Keimlingen ist ein Enzym enthalten, das die Stärke des Getreides in Maltose umwandelt. Dieses dickflüssige Malzerzeugnis setzt der Bäcker ein, wenn er einen Teig nur kurz gehen lassen möchte. Der Extrakt enthält besonders hohe Anteile vergärbarer Zuckerstoffe, die der Hefe direkt als Nahrung zur Verfügung stehen.

Honig anstatt Zucker?

Mit seinen Enzymen und Spurenelementen wird Honig hoch gelobt. Allerdings sind diese nur in geringen Mengen enthalten. Hauptbestandteile sind mit 75 Prozent Frucht- und Traubenzucker, die ebenso wie alle Kohlenhydrate etwa 4 kcal Energie pro Gramm liefern. Der Wasseranteil im Honig beträgt 20 Prozent. Zudem werden die meisten Vitamine durch das Backen zerstört. Deshalb ist Gebäck mit Honig nicht gesünder als solches mit Zucker.

Was die backtechnischen Eigenschaften von Honig angeht, kann er mit dem Zucker nicht mithalten. Da Honig bereits gelöst ist und 20 Prozent Wasser enthält, sind die wasserbindenden Eigenschaften schlechter. So läßt sich beispielsweise Eigelb mit Honig wesentlich schlechter aufschlagen als mit Zucker.

SALZ – NICHT NUR ALS WÜRZE

Kochsalz, in der Chemie als Natriumchlorid (NaCl) bezeichnet, ist für unseren Körper ein lebensnotwendiger Stoff. Er sollte allerdings nicht in zu großen Mengen verzehrt werden, denn ein Zuviel an Salz fördert Bluthochdruck oder die Wassereinlagerung im Körper (Ödeme). Die Deutsche Gesellschaft für Ernährung bezeichnet eine Kochsalzzufuhr von (NaCl) 5 Gramm oder eine gleichbedeutende Natriummenge (Na) von 2 Gramm für einen Erwachsenen pro Tag als ausreichend.

Das Salz ist aufgrund seiner Eigenschaft der Wasserbindung in Brot- und Brötchenteigen unumgänglich. Es erhöht die Quellfähigkeit und die Löslichkeit des Klebereiweißes, wodurch die Kleberstruktur gefestigt wird. Dies hat zur Folge, daß der Teig zäher und elastischer wird. Die daraus resultierende größere Oberflächenspannung macht den Teig besser formbar und verleiht ihm mehr Stand. Zudem kann das von der Hefe produzierte Gas besser im Klebergerüst gehalten werden - das Gebäck wird lockerer.

Indirekt fördert Salz die Ausbildung einer dunklen und braunen Kruste. Nicht zuletzt fordert unser Gaumen eine bestimmte Salzmenge zur Abrundung des Brotgeschmacks.

Ein Zuviel an Salz ist aber auch nicht wünschenswert, da dies zu feuchten Teigen und verzögerter Gärung führen kann. Ein Salzanteil von etwa 2% bezogen auf die Mehlmenge ist aus technologischen und geschmacklichen Aspekten zu empfehlen.

Aus der Sicht der Ernährungsexperten wäre eine Zugabe von etwas weniger Salz sicher wünschenswert. Sparen Sie jedoch lieber beim Kochen: Verwenden Sie anstatt Salz und salzhaltigen Würzzubereitungen frische Kräuter, Paprika, Pfeffer, Curry und ähnliche Gewürze. Zum Brotbacken sollten Sie, wie viele Bäcker, jodiertes Speisesalz einsetzen, um einer Kropfbildung vorzubeugen. Mit zusätzlich fluoridiertem Salz können Sie auch noch für Kariesprophylaxe sorgen. Ob Sie dabei Steinsalz (übliches Salz aus unterirdischen Salzablagerungen) oder Meersalz verwenden, bleibt Ihrer Einstellung überlassen - der Salzgehalt ist immer gleich.

EIER

Eier haben beim Kuchenbacken vielfältige Aufgaben zu erfüllen. Sie werden als Binde-, Emulgier-, Lockerungs- oder als Treibmittel verwendet. In Brot- und Brötchenteigen werden sie nur selten benötigt. Lediglich einige feine Backwaren werden mit verquirltem Ei bestrichen. Die Gebäckkruste wird besonders braun und glänzt matt. In einigen Backbüchern wird Ei zum Befestigen von "Aufstreu" wie Mohn, Kümmel und ähnlichem eingesetzt. Mit der richtigen Technik reicht aber pures Wasser aus (siehe Praxistip Nr. 4, Seite 33).

FETTE - NICHT NUR ENERGIETRÄGER

Fett, ob Butter oder Margarine, verbessert die Kleberelastizität, wodurch der Teig geschmeidiger und leichter formbar wird.

Ob ein leichter oder schwerer Hefeteig entsteht, ist abhängig von der eingearbeiteten Fettmenge. Viel Fett macht den Teig feinporiger, sorgt für eine zartere Struktur (Krume) und eine längere Frischhaltung.

Solche fettreichen Hefeteige sind aber auch empfindlicher als die leichten. Denn zum einen hat es die Hefe schwerer, da das Fett die Hefezellen umschließt und damit die lebensnotwendige Flüssigkeit abschirmt. Zum anderen isoliert zuviel Fett die teigbindenden Mehlbestandteile, Kleber und Stärke.

MILCH UND CO.

Bestimmte Weizenbrote und Weizenkleingebäcke, wie z.B. Toastbrot oder Milchbrötchen, werden anstatt mit Wasser mit Milch zubereitet. Milch ist nicht nur ein reiner Flüssigkeitslieferant, sondern erfüllt vielfältige Aufgaben im Teig.

Was die Milch im Teig bewirkt

Das Milchfett macht den Kleber geschmeidiger und elastischer. Zudem erhöht sich das Volumen des Gebäcks und seine Struktur wird feiner. Der Milchzucker ist zwar von der Hefe nicht vergärbar, verbessert jedoch den Geschmack und läßt die Kruste appetitlich bräunen.

Dem Milcheiweiß sagen die Bäcker nach, daß es den Teig "wolliger" macht, was bedeutet, daß er geschmeidiger wird. Die ideale Zusammensetzung der Milch runden die Mineralstoffe ab, die den Kleber festigen und für besseren Stand und feinporigere Struktur sorgen.

Quark

Quark ist ein Frischkäse, der aus Milch durch Zugabe von Milchsäurebakterien hergestellt wird. Die produzierte Milchsäure läßt das Kasein der Milch gerinnen, die überflüssige Molke wird abgepreßt. Molke wird in manchen Spezialbroten verarbeitet. Quark findet seinen Einsatz vor allem als Füllung in pikantem oder süßem Gebäck.

Joghurt und Dickmilch

Joghurt wird aus pasteurisierter Milch durch Zugabe spezieller Säuerungskulturen gewonnen. Je nach Kultur entsteht ein milder oder stärker gesäuerter Joghurt. Die Milchsäure kann reines Hefebrot mild säuern. Der Geschmack geht in die Richtung von Sauerteig, der unter anderem auch Milchsäure enthält. Über Nacht mit Hefe und Mehl angesetzt, wird der Geschmack noch verbessert (siehe Roggen-Dinkel-Korbbrot, Seite 50).

Auch andere Milchprodukte, wie Buttermilch, Sauerrahm oder Dickmilch werden gelegentlich unter den Teig geknetet. Allen sind die Eigenschaften der Milch und der leicht säuerliche Geschmack gemeinsam.

TIPS AUS DER BACKSTUBE

WÜRZE, SÜSSE UND PFIFF

Gewürze spielten jahrtausendelang eine so bedeutende Rolle wie heute das Erdöl. Gewürznelken, Pfeffer und Muskatnüsse waren der Anlaß für Kriege und die Entdeckung neuer Erdteile.

Heute kann sich bei uns jeder Gewürze leisten, und das Angebot ist groß. Wer an Würzen denkt, hat meist pikante Speisen im Sinn. Doch auch Backwerk, ob süß oder salzig, braucht Würze.

Fenchel

Verwendet werden die Samen der Blütendolde. Der im Handel erhältliche Fenchelsamen (ganze Körner oder gemahlen) schmeckt ähnlich wie Anis, ist aber nicht so süß. Fenchel entwickelt beim Backen sein volles Aroma und sollte deshalb in kleiner Menge zugegeben werden.

Kardamom

Verwendet werden die Samen aus den Fruchtkapseln einer Schilfpflanze. Sie kommen meist getrocknet und gemahlen in den Handel. Manchmal sind auch die ganzen, kantigen Samenkörner gebleicht (Malabar-Kardamom) oder ungebleicht (grüner Kardamom) zu haben. Der größere, dunkelbraune Ceylon-Bergkardamom ist wegen seines Rauchgeschmacks weniger beliebt. Malabar-Kardamom schmeckt feurig und würzig.

Koriander

Zum Backen nimmt man die kugelförmigen Samen der Doldenblüten. Sie sind ganz oder gemahlen erhältlich. Koriander hat einen milden und würzigen Geschmack. Wegen des intensiven Aromas sollte man vorsichtig würzen!

Kümmel

Verwendet werden die kleinen, sichelförmigen Körnchen. Zu kaufen gibt es getrockneten Kümmelsamen, manchmal auch zu Pulver zermahlen. Die Aufbewahrung sollte trocken sein, damit der Kümmel nicht muffig wird. Der Geschmack ist intensiv gewürzhaft, leicht süßlich, etwas an Anis erinnernd. Kümmel ist ein vorlautes Gewürz, daher sparsam verwenden.

Schwarzkümmel

Ist ein beliebtes arabisches Gewürz, vor allem in und auf Backwaren (Pita-Brotfladen). Die kleinen, tiefschwarzen, eckigen Samenkörner schmecken sehr würzig, nussig, leicht rauchig. Sparsam verwenden!

Mohn, Mohnsaat

Es gibt "blauen" und "weißen" Mohn. Genaugenommen sind die winzigen Samenkörner aus den Fruchtkapseln der Mohnblume graublau und beigefarben. Backwaren werden mit der Saat bestreut, besonders Brötchen. Gemahlener Mohn wird für Füllungen verwendet.

Muskat

Die Muskatnuß wächst an einem immergrünen Baum. Der Kern ist von einem Samenhäutchen umschlossen, das fälschlich "Muskatblüte" (auch Macis) genannt wird. Im Handel erhältlich sind getrocknete, gekalkte oder ungekalkte, ganze Nüsse und getrocknete, ganze Muskatblüte. Beides gibt es auch gemahlen als Pulver. Früher wurden Muskatnüsse gekalkt, um die Keimfähigkeit zu verhindern und damit den Anbau von Muskatbäumen in anderen Ländern unmöglich zu machen. Heute wird das Kalken aus alter Gewohnheit und "Nostalgie" beibehalten. Auf die Qualität der Nuß hat es keinen Einfluß. Ganze Muskatnüsse sind (fast) unbegrenzt haltbar, ohne ihre Würzkraft zu verlieren. Sie dürfen jedoch nicht zu feucht gelagert werden. Das Aroma der Nuß ist feurig-süß, würzig-scharf, etwas an Weihrauch erinnernd.

Nüsse

Jede Nußsorte verleiht dem Gebäck einen anderen Geschmack. Meist werden sie unterschiedlich fein gemahlen oder gehackt unter die Teige gehoben und bewirken, daß der Teig gröber wird.

Für Nußbrot werden häufig Walnüsse in den Teig eingearbeitet. In diesem Buch wird der Teig für Mandelbrezen mit gemahlenen Mandeln zubereitet und mit gehackten Mandeln bestreut. In pikantes Knabbergebäck passen auch ganze oder gehackte Erdnüsse.

Das richtige Würzen ist eine lohnende Kunst!

Erdnuß

Wenn die niedrige Erdnußpflanze verblüht, krümmen sich die Blütenstiele abwärts und führen die junge Hülsenfrucht in den Boden, wo sie reift.

Diese billigsten aller Nüsse sind als "Affen"- oder "Fernsehfutter" etwas in Verruf geraten. Dabei läßt sich daraus unendlich vieles zubereiten, und ein dezenter Erdnußgeschmack rundet kräftige Aromen wie Schokolade oder Orange aufs Feinste ab.

Mandel

Mandeln am Baum haben grünes, behaartes Fruchtfleisch, das beim Reifen braun wird, aufplatzt und den hölzernen Kern freigibt, in dem der Samen - die Mandel - steckt. Es gibt süße und bittere Mandeln. Bei den Süßmandeln unterscheidet man die mit dem steinharten Kern, die Steinmandel, und die Krach- oder Knackmandel mit poröser, mürber Schale, die sich leicht aufbrechen läßt. Verwenden Sie Mandeln möglichst ungehäutet, so enthalten sie reichlich Ballaststoffe.

Pinienkerne

Wer je in Mittelmeerländern Urlaub machte, kennt die herrlichen, großen Pinien mit ihren rundlichen Zapfen. In den Schuppen dieser Zapfen liegen jeweils zwei Samen, von einer harten, dunklen Schale umgeben. Der stiftförmige Samenkern ist weiß und erinnert im Geschmack an Mandeln, nur weniger intensiv.

Pistazie

Die kleinen Steinfrüchte des Pistazienstrauches zählen zu den teuersten Nüssen.

Pistazien sind bis zu 2 cm lang, in der hellbraunen Samenschale steckt der hellgrüne, längliche, dreikantige Samenkern, der von einer bräunlich gefleckten Samenhaut bedeckt ist.

Hervorragender Geschmack, besonders auch nach dem Rösten.

Walnuß

Obwohl eine Steinfrucht, gilt sie als Nuß schlechthin. Wer nur "Nuß" sagt, meint Walnuß. Durch archäologische Funde weiß man, daß die Walnuß schon seit mehreren tausend Jahren in Europa und Asien verbreitet ist.

Am Baum ist die Walnuß von festem, grünen Fruchtfleisch mit glatter Haut umhüllt. Helle Walnüsse sind meist gewaschen und gebleicht. Eine dunkle, unansehnliche Schale weist auf wildwachsende Nüsse und Nüsse aus biologischem Anbau hin. Von September bis November sind Schälnüsse auf dem Markt. Die weiche, bittere Haut der ungetrockneten Walnüsse läßt sich vom Kern leicht abziehen.

DER BACKOFEN

Rund um den Backofen

Mikrowelle auch zum Backen? Andere Backzeiten in der Umluft? Welches Geschirr für welchen Backofentyp?

Mit immer neuen Geräten wollen die Hersteller das Backen noch leichter, attraktiver und sicherer machen. Die folgende kleine Backofenkunde soll Ihnen helfen, den Überblick zu wahren.

Gasbackofen, der Energiesparer

Generationen von Hausfrauen haben im Gasbackofen (bzw. im Holzofen) gebacken, und alle waren zufrieden. Doch trotz der zahllosen Bewährungsproben, die er bestanden hat, gilt er als nicht mehr recht zeitgemäß und wird nur noch da eingebaut, wo ein schwaches Stromnetz einem Elektro-Ofen nicht gewachsen wäre. Die für das Back- und Bratgut wohltuende gleichmäßige Rundumwärme vermag ein Gasbackofen einfach nicht so perfekt zu bringen, die Stufeneinteilung ist zu ungenau.

Tips aus der Backstube

Konventioneller Elektro-Backofen mit Ober- und Unterhitze

Backrezepte, die keine weiteren Angaben zum Ofentyp haben, gehen immer von diesem Ofen aus. Heizspiralen erwärmen das Ofeninnere vom Boden und von der Decke aus. Die Hitze verteilt sich gleichmäßiger als bei Gas, eine 100%ig perfekte Verteilung ist allerdings auch hier nicht gewährleistet: Oft ist die Temperatur in Türnähe etwas niedriger, mit der Folge, daß Gebäck dort auch langsamer bräunt. Da für gleichmäßiges Garen Ober- und Unterhitze in gleicher Intensität auf das Backgut einwirken müssen, sollte es grundsätzlich auf mittlerer Höhe stehen. Weil aber zumeist offenes Geschirr verwendet wird (Backblech, Kuchenform), das die Hitze von oben ungehindert an die Lebensmittel läßt, während es die Unterhitze mehr oder weniger stark abhält, wird man selbst flache Formen ein wenig unterhalb der Mitte einschieben. Hohe Formen werden natürlich entsprechend weiter unten eingeschoben. Auch das Material einer Form kann für die Einschubhöhe bestimmend sein: Während dunkle Bleche die Hitze im Elektro-Ofen gut an das Backgut heranlassen, hält weiße Keramik (die hübschen Pie-Formen!) die Hitze so sehr ab, daß unbedingt eine tiefere Einschubleiste gewählt werden muß. Ober- und Unterhitze sind bei den meisten Geräten getrennt zu schalten, vor allem die Oberhitze wird auch mal allein gebraucht, um der Oberfläche mehr Farbe zu geben.

Fazit: Gleichmäßiger und vielseitiger als Gas, aber noch keineswegs perfekt. Hoher Stromverbrauch durch langes Vorheizen.

Mit Umluft backen

Ein weiterer Schritt auf dem Weg zum perfekten Backofen war die Entwicklung der "Umluft": Ventilatoren sorgen dafür, daß sich die Hitze schnell und gleichmäßig in der Röhre verteilt.

Vorheizen ist nicht mehr erforderlich. Da überall die gleiche Temperatur herrscht, kann auf mehreren Etagen gleichzeitig gebacken werden. Bei der Weihnachtsbäckerei, z.B., kann es eine enorme Erleichterung bedeuten, wenn bis zu 4 Bleche Plätzchen auf einmal in den Ofen wandern.

Die Vorteile sind unbestreitbar, dennoch: Reine Umluftöfen sind fast nicht mehr im Angebot, weil sich schnell auch Nachteile bemerkbar machten. Empfindliches Backgut kann austrocknen, Teige und Massen, die hochtreiben sollen, werden von den Luftströmen niedergewirbelt. Für Brotbacken ist die konventionelle Ober- und Unterhitze (mit Vorheizen) günstiger.

Wählen Sie beim Backen mit Umluft die Temperatur etwa 20 bis 30°C niedriger als für den konventionellen Herd. Genaue Angaben des Herstellers finden Sie in der Betriebsanleitung.

Temperaturtabelle

Gas-Backofen, Thermostateinstellung	elektrischer Backofen, °C (ca.)
1	140-160
2	160-180
3	180-200
4	200-220
5	220-240
6	240-260
7	260-280
8	280

Maße und Gewichte

Lebensmittel	Gewicht in Gramm	
	1 EL	1 TL
Wasser, Milch, Saft	15	5
Backpulver	10	3
Butter	15	5
Haferflocken	8	2
Haselnüsse, gerieben	7	2
Honig	20	6
Mandeln, gerieben	8	3
Mehl, Type 405	10	3
Öl	12	4
Salz	15	5
saure Sahne	17	6
Speisestärke	9	3
Zucker	15	5

Die Menge von 1 gestrichenen Eßlöffel = ca. 3 gestrichene Teelöffel
Die Menge von 2 gestrichenen Eßlöffeln = ca. 1 gehäufter Eßlöffel

So werden Sie ein guter Bäcker

TIOP

Wenn viele Brötchen geformt werden oder das Formen etwas aufwendiger ist, sollte der restliche Teigballen oder die portionierten Stücke mit einem feuchten Tuch bedeckt werden, damit die Oberfläche nicht austrocknet. Geschieht dies trotzdem einmal, können Sie die Brötchen mit leicht feuchten Händen formen.

Kneten - der erste Schritt zum guten Gelingen

Brotteige müssen ausgiebig geknetet werden, da außer der Zutatenvermischung noch viele andere Vorgänge ablaufen. So werden beispielsweise die Zucker- und Salzkristalle in der Flüssigkeit gelöst.

Im Weizenmehl beginnen die Stärke und der Kleber allmählich zu quellen, im Roggenmehl können die Quellstoffe Wasser aufnehmen. Zu diesem Zeitpunkt ist der Teig noch weich und klebt an Schüsselrand und Knethaken.

Im weiteren Verlauf des Knetens bilden die Kleberbestandteile Fäden aus, die sich dann zum typischen Klebernetz verbinden (siehe S.18).

Im Roggenteig verkleben die Quellstoffe miteinander. Am Ende der Knetzeit hat der Hefeteig eine glatte und mattglänzende Oberfläche, wickelt sich gesamt um den Knethaken und löst sich leicht vom Schüsselrand.

Gesäuerter Roggenteig bleibt etwas klebrig und hat weniger Spannung. Um eine Kugel zu formen, müssen Hände und Arbeitsfläche gut bemehlt sein.

Durch das Kneten entsteht aber auch Reibung, die einerseits den Teig etwas erwärmt und andererseits die Anziehungskräfte des Klebergerüsts verstärkt.

Auch die Hefe erhält ihren lebensnotwendigen Sauerstoff während des Knetens, denn durch das Überlappen und Verstreichen des Teiges werden Sauerstoffbläschen in das Klebernetz eingefangen. Aus dem gleichen Grund wird der gegangene Teig vor dem Formen nochmals geknetet. Dabei entweicht zwar das entstandene Gärgas, dafür wird aber neuer Sauerstoff und damit neue Nahrung für die Hefe eingearbeitet - weitere Poren entstehen, die das Gebäck noch lockerer machen.

Der Teig muß ruhen

Ruhen bedeutet, daß der Teig nicht bearbeitet wird, in seinem Inneren spielen sich jedoch eine Reihe interessanter Vorgänge ab. Besonders die Hefe hat viel zu tun, sie vermehrt sich und produziert unermüdlich Kohlensäure. Außerdem kann der Kleber während der Teigruhe noch nachquellen.

Diese Vorgänge können bei einer Temperatur zwischen 30 und 35°C besonders intensiv ablaufen. Daher werden in den folgenden Rezepten die Teigruhe sowie das Gehen der geformten Brötchen oder Brote (Stückgare) immer im temperierten Ofen beschrieben.

Hohe Luftfeuchtigkeit: Vom Gehen bis zum Backen

Bei all den beschriebenen Vorgängen ist es wichtig, daß die Oberfläche sowohl des Teigs als auch der einzelnen Stücke beim zweiten Gehen niemals austrocknet. Die Oberfläche würde dann aufreißen, der Teig weiter austrocknen und die Gärgase entweichen.

Um die gewünschte Luftfeuchtigkeit zu erzielen, bedient sich der Bäcker der modernen Technik. Die Gärräume werden klimatisiert, und in die Backöfen strömt genau dosiert Wasserdampf ein. Natürlich können wir unsere Küche nicht ebenso ausstatten, mit einigen kleinen Tricks können wir die Bedingungen jedoch nachahmen.

Recht einfach erhält der Teig beim ersten Gehen seine Lieblingsatmosphäre. Die Oberfläche der Teigkugel wird mit etwas Wasser benetzt und dann samt Schüssel in eine große Plastiktüte gesteckt.

Damit kleine Teigstücke bei richtiger Luftfeuchtigkeit gehen können, sollten sie zum Beispiel mit einem feuchten Tuch und darüber mit einer Plastikfolie bedeckt werden. Dies ist bei festeren Teigen oder bei Teigstücken mit Aufstreu wie Sesam oder Mohn eine gute Lösung. Bei weichen Teigen kann

Tips aus der Backstube

dabei eventuell der Teig am Tuch hängenbleiben, dann ist es besser, die Oberfläche nur mit wenig Wasser zu bestreichen. Gemehlte Oberflächen können ebenfalls nicht mit einem feuchten Tuch abgedeckt werden, in diesem Fall wird unter das Backpapier ein feuchtes Tuch gelegt - beim Gehen im lauwarmen Ofen entsteht ein feuchtes Klima (das Tuch vor dem Backen herauszuziehen!).

Beim Backen hat das Wasser vielfältige Aufgaben. Wird ein Brötchen mit Wasser "abgestrichen", bleibt damit die Oberfläche länger elastisch. Das Gebäck kann sich durch die Gärgase auch beim Backen noch ausdehnen. Hat sich schon vorher eine Haut gebildet, werden die Brötchen nicht so luftig. Im weiteren Verlauf des Backens kann die Kruste nur schön bräunen und glänzen, wenn die Oberfläche feucht - aber nicht naß - war und im Ofen genügend Wasserdampf vorhanden ist.

Dieses sogenannte "Schwaden" kann man im hauseigenen Backofen erreichen, indem während des Backens Wasser im Ofen verdampfen kann.

Es reicht allerdings nicht aus, eine Tasse mit Wasser in den Ofen zu stellen. Die tiefe Saftpfanne bietet eine wesentlich größere Oberfläche, auf der das Wasser verdampfen kann. Hefegebäck benötigt während der gesamten Backzeit Wasserdampf, Roggengebäck mit Sauerteig jedoch nur zu Beginn. Wie schon beschrieben, haben Roggenteige eine ganz andere Beschaffenheit - sie gehen weniger stark auf, haben keine elastische Oberfläche, und zur Krustenbildung wird kein Wasserdampf benötigt. Wie das "Schwaden" in Ihrem Backofen genau funktioniert, finden Sie in dem Praxistip Nr. 8).

So kommen die Brötchen in Form

Damit Brote oder Brötchen eine rißfreie, gespannte Oberfläche bekommen, genügt nicht nur ein ausreichend gekneteter Teig. Die Gebäckstücke müssen so geformt werden, daß eine völlig glatte Oberfläche entsteht, die ähnlich einem Luftballon von den Gärgasen aufgeblasen werden kann.

Beachten Sie die ausführliche Erklärung in Text und Bild bei den Rezepten "Zwiebelbrot" (Seite 36) und "Dunkle Rosenbrötchen" (Seite 66).

Praxistips

Vor dem ersten Backen unbedingt lesen!

Aus den vielen beschriebenen Teig- und Bäckergeheimnissen sind einige wichtige Kniffe in die nachfolgenden Rezepte eingeflossen. Damit die Rezepte nicht zu lang werden, sind in den Praxistips die häufig in den Rezepten vorkommenden Punkte ausführlich erklärt oder begründet.

1. Gehen im 35°C warmen Ofen bedeutet, daß der Ofen einige Minuten auf 50°C angeschaltet wird. Wenn der Teig zum Gehen eingeschoben wird, ist der Ofen wieder ausgeschaltet. Für das zweite Gehen den Ofen eventuell auf die gleiche Weise nochmals kurz temperieren.

2. Wird Getreide für Vollkornmehl selbst gemahlen, können die Gewürze frisch mitgemahlen werden. Am besten als erstes, so "reinigt" das zu mahlende Getreide gleich die Mühle von dem intensiven Geruch.

3. Wird kleberhaltiges Getreide (Weizen, Dinkel, Grünkern) zu Vollkornmehl vermahlen, sollte - wie im Rezept angegeben - Ascorbinsäure (Vitamin C) zugegeben werden. Dadurch bildet sich das Klebergerüst besser aus, der Teig wird elastischer. Vitamin C gibt es in jedem Supermarkt (Abteilung Reformartikel/Vitaminprodukte), Drogeriemarkt oder in der Apotheke in einer kleinen Dose zu kaufen.

4. Wird die Oberfläche von Brötchen in Sesam, Mohn oder ähnlichem gewendet, muß dies immer sofort nach dem Formen vor dem Gehen erfolgen. Die Oberfläche soll feucht, aber nicht naß sein. Dazu am besten ein neues Schwammtuch gut anfeuchten, auf die Arbeitsfläche legen und die Oberfläche der Brötchen darauf wenden, so daß die obere Halbkugel feucht ist. Dann in dem Aufstreu wälzen.

5. Soll die Oberfläche eingeschnitten werden, muß zunächst mit wenig Wasser abgestrichen und dann eingeschnitten werden. In umgekehrter Reihenfolge würde das Wasser den Schnitt wieder verkleben. Wenn ein besonders auffälliger Schnitt gewünscht wird, können das Messer oder die Schere leicht geölt werden.

6. Grundsätzlich sollten der Teig oder die geformten Teiglinge nur mit Wasser benetzt werden. Dazu große Laibe mit der feuchten Hand bestreichen oder Brötchen auf einem Schwamm wenden. Wird ein Pinsel verwendet, muß dieser gut abgestreift sein. Es darf kein Wasser am Teig herunterlaufen oder der Teig unten naß werden, da er sonst "sitzenbleibt".

7. Die Backtemperaturangaben beziehen sich immer auf Herde mit Ober- und Unterhitze. Für Umluftherde sollten 20°C weniger gewählt werden. Zum Brot- und Brötchenbacken sollten auch Umluftherde vorgeheizt werden.

8. Besonders wichtig ist die entsprechende Luftfeuchtigkeit beim Backen. Deshalb sollte immer auf der untersten Schiene die Saftpfanne mitaufgeheizt werden. Während des Aufheizens etwa 500 bis 700 ml Wasser in einem Kessel aufkochen. Das heiße Wasser in die Saftpfanne gießen und die Brötchen oder das Brot sofort in den Ofen schieben. Auf diese Weise kann man das sogenannte "Schwaden" - Einströmen von Wasserdampf in den Backofen - nachahmen.

Roggengebäck benötigt weniger Wasserdampf. Die Bäcker geben nur zu Beginn Schwaden. Daher finden sich in den entsprechenden Rezepten Angaben zur Wassermenge, die in die Saftpfanne gegossen werden soll.

9. Damit Gebäck mit glatter Oberfläche besonders glänzt und noch knuspriger wird, kann man dieses kurz vor Ende der Backzeit mit einem Stärkekleister sehr dünn "abstreichen". Dazu einen Teelöffel Speisestärke mit etwa 100 ml kaltem Wasser verrühren und aufkochen lassen. Es wird nur ganz wenig Stärkekleister benötigt, sonst wird die Oberfläche weich. Der Rest wird weggegossen. Siehe auch die Rezepte Thymianbrot, Seite 49, und Grünkern-Vollkornbrot, Seite 44.

10. Die Klopfprobe: Ein Brotlaib ist fertig gebacken, wenn er beim Klopfen auf die Unterseite hohl klingt.

Brot, der knusprige

Laib aus dem Ofen

Zwiebelbrot

Zwiebelbrot schmeckt frisch besonders gut mit Butter oder Griebenschmalz bestrichen. Es paßt auch zu jeder Grillparty. Da die Brote wahrscheinlich nicht wie anderes Brot zum Frühstück und Abendessen verzehrt werden, kann 1 Laib eingefroren werden.

einfach, braucht Zeit, zum Einfrieren
2 Brote

- 1/2 TL Zucker
- 450 ml lauwarmes Wasser
- 1 Würfel frische Hefe, 42 g
- 1 Beutel Sauerteig, 150 g
- 500 g Roggenmehl, Type 1150
- 250 g Weizenvollkornmehl
- 4 TL Salz
- 1 TL grob gemahlener Pfeffer
- 1 TL gemahlener Koriander
- Mehl zum Kneten und Formen
- 100 g Röstzwiebeln

Den Zucker in 250 ml Wasser verrühren. Die Hefe hineinbröckeln und auflösen. Etwa 10 Minuten gehen lassen.

Den Sauerteigbeutel zum Temperieren in warmes Wasser legen.

Inzwischen in einer Rührschüssel das Roggenmehl, das Weizenmehl, das Salz, den Pfeffer und den Koriander mischen. Das Hefe-Wasser, den Sauerteig und das restliche Wasser dazugeben und alles mit dem Knethaken der Küchenmaschine etwa 5 Minuten zu einem geschmeidigen Teig verkneten. Zu einer Kugel formen und mit etwas Wasser bestreichen. Mit einer Plastiktüte umhüllt im 35°C warmen Ofen etwa 30 Minuten gehen lassen.

Den Teig auf der leicht bemehlten Arbeitsfläche kurz kneten, nach und nach die Zwiebeln einkneten. Dann in zwei gleichgroße Stücke teilen.

Jede Teighälfte zunächst zu einer Kugel, dann zu einem etwa 25 cm langen, ovalen Laib formen. Die Brote nebeneinander auf ein mit Backpapier belegtes Blech heben. Die Laibe mit einem feuchten Geschirrtuch abdecken und im 35°C warmen Ofen etwa 30 Minuten gehen lassen.

Das Blech aus dem Ofen nehmen und die Laibe abgedeckt weitergehen lassen, bis der Ofen auf 250°C aufgeheizt ist. Kurz vor dem Backen die Oberfläche leicht mit Wasser

Brot, der Knusprige Laib aus dem Ofen

Praktisch ist flüssiger Sauerteig aus dem Beutel. Vor dem Öffnen der Packung 10 Minuten im warmen Wasser temperieren.

Die Küchenmaschine leistet gute Dienste beim Kneten, besonders bei den festen, dunklen Teigen.

Die Teigkugel mit dem Handballen von außen zur Mitte hin kneten.

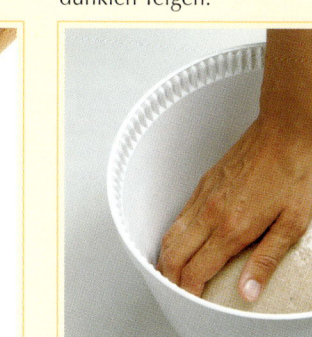

Vor dem Gehen die Oberfläche der Teigkugel leicht befeuchten, nicht naßmachen!

In einer Plastiktüte (Müllbeutel) ist der Teig beim Gehen vor Zugluft geschützt und verliert keine Feuchtigkeit.

Das Einkneten von groben Gewürzen erfolgt vor dem Formen der Brote. Gemahlene Gewürze können mit dem Mehl vermischt werden.

Welche Form Sie Brot und Brötchen auch geben, beginnen Sie immer mit einer Teigkugel, damit die Oberfläche straff bleibt.

Vor dem letzten Gehen können Muster in den Teig gedrückt werden. Dazu die Oberfläche leicht befeuchten.

Bäuerliche Holzpalette zum „Einschießen" der Teiglaibe in den Backofen.

Mit diesem hölzernen Schieber wurde die Asche aus dem Backofen geholt.

bestreichen und mit einem Kochlöffelstiel 3 Kreuze eindrücken.

Kochendes Wasser in die mitaufgeheizte Saftpfanne gießen und die Laibe sofort auf der mittleren Schiene 10 Minuten backen. Die Temperatur auf 200°C reduzieren und die Brote in etwa 30 Minuten fertigbacken.

Die Laibe auf einem Kuchengitter auskühlen lassen.

Nährwerte pro Stück
Kilokalorien 1390, Kilojoule 5850, Eiweiß/g 42, Kohlenhydrate/g 269, Fett/g 15, Ballaststoffe/g 39,8

Einfaches Roggenmischbrot

einfach, braucht Zeit, zum Einfrieren
1 Brot

- 1 TL Zucker
- 300 ml lauwarmes Wasser
- 1 Würfel frische Hefe, 42 g
- 1 Beutel Sauerteig, 150 g
- 200 g Weizenvollkornmehl
- 300 g Roggenmehl, Type 997
- 3 TL Salz
- 1 TL gemahlenes Brotgewürz
- Mehl zum Kneten und für die Schüssel

Den Zucker in dem Wasser verrühren. Die Hefe hineinbröckeln und auflösen. Zugedeckt 10 Minuten gehen lassen.

Den Sauerteigbeutel zum Temperieren in warmes Wasser legen.

Inzwischen das Weizenvollkornmehl, das Roggenmehl, das Salz und das Brotgewürz in einer Schüssel mischen. Das Hefe-Wasser und den Sauerteig dazugeben und alles etwa 5 Minuten verkneten, bis sich der Teig vom Schüsselrand löst.

Den Teig mit bemehlten Händen zu einer Kugel formen, mit dem Schluß nach oben in die gut gemehlte Schüssel setzen und mit wenig Wasser bestreichen. Mit einer Plastiktüte umhüllt im 35°C warmen Ofen etwa 1 Stunde gehen lassen.

Die Teigkugel auf ein mit Backpapier belegtes Blech stürzen. Mit einem Holzspieß mehrmals etwa 2 cm tief einstechen. Den Laib locker mit Plastikfolie bedecken oder eine große Schüssel darüber stürzen und im 35°C warmen Ofen nochmals 30 Minuten gehen lassen.

Außerhalb des Ofens zugedeckt gehen lassen, bis der Ofen auf 250°C vorgeheizt ist.

Etwa 100 ml kochendes Wasser in die mitaufgeheizte Saftpfanne gießen und das Brot sofort auf der mittleren Schiene 10 Minuten backen. Die Temperatur auf 200°C reduzieren und das Brot etwa 30 Minuten fertigbacken.

Den Laib auf einem Kuchengitter auskühlen lassen.

Nährwerte insgesamt
Kilokalorien 1860, Kilojoule 7800, Eiweiß/g 55, Kohlenhydrate/g 383, Fett/g 10, Ballaststoffe/g 49,0

BROT, DER KNUSPRIGE LAIB AUS DEM OFEN

Dinkel-Joghurtbrot

braucht Zeit, zum Einfrieren
1 Brot

- 1 Würfel frische Hefe, 42 g
- 100 ml lauwarmes Wasser
- 1 Prise Zucker
- 400 g Dinkelvollkornmehl
- 1 Messerspitze Ascorbinsäure
- 1 1/2 TL Salz
- 1 TL gemahlener Koriander
- 200 g zimmerwarmer Naturjoghurt, 3,5% Fett
- Dinkelvollkornmehl für das Blech

Die Hefe in das Wasser hineinbröckeln und zusammen mit dem Zucker glatt verrühren. Etwa 10 Minuten gehen lassen, bis sich Schaum auf der Oberfläche gebildet hat.

Inzwischen in einer Rührschüssel das Mehl, die Ascorbinsäure, das Salz und den Koriander mischen. Das Hefe-Wasser und den Joghurt dazugeben und alles in etwa 5 Minuten zu einem geschmeidigen Teig verkneten.

Den Teig zu einer Kugel formen, in die Schüssel setzen und mit wenig Wasser bestreichen. Mit einer Plastiktüte umhüllt im 35°C warmen Ofen 30 Minuten gehen lassen.

Den Teig nochmals kurz durchkneten, zu einer straffen Kugel formen und mit dem Schluß nach oben auf ein gut bemehltes Blech legen. Im 35°C warmen Ofen nochmals etwa 30 Minuten gehen lassen.

Den Laib vorsichtig auf ein mit Backpapier belegtes Blech stürzen, so daß die bemehlte Seite oben ist. Eventuell leicht in Form drücken. Auf der Oberfläche mit einem scharfen Messer ein Gitter mit 2 cm Abstand 1 cm tief einschneiden.

Den Laib mit einem trockenen Geschirrtuch abdecken, bis der Ofen auf 250°C aufgeheizt ist.

Reichlich kochendes Wasser in die mitaufgeheizte Saftpfanne gießen. Das Brot sofort auf der mittleren Schiene einschieben. Die Temperatur auf 200°C reduzieren und den Laib etwa 40 Minuten backen.

Auf einem Kuchengitter auskühlen lassen.

Hinweis: Der sogenannte „Schluß" an jeder Teigkugel entsteht beim „Wirken" der Oberfläche. Dabei wird sie straff und stark gedehnt. Die auf die Unterseite gezogenen Teigenden werden zum „Schluß" zusammengedrückt.

Nährwerte insgesamt
Kilokalorien 1390, Kilojoule 5830, Eiweiß/g 57,
Kohlenhydrate/g 247, Fett/g 18, Ballaststoffe/g 40,0

TIP

Natürlich müssen Brote entsprechend verpackt aufbewahrt werden. Neben Tüten oder luftdicht schließenden Behältern gibt es auch spezielle Brottöpfe. Diese werden mittels Schlitzen oder Löchern etwas belüftet, so daß sich kein Kondenswasser bilden kann. Um dem Schimmel keine Chance zu geben, müssen diese Töpfe aber regelmäßig mit Essigwasser gereinigt werden.

Wenn kein Brotkorb zur Verfügung steht, kann auch eine Schüssel gut gemehlt werden und das Brot darin gehen. Die typischen Ringe auf der Oberfläche entstehen dann leider nicht.

Zuckerrübensirup erhalten Sie in jedem Supermarkt in der Abteilung mit Brotaufstrichen.

Bierbrot

braucht Zeit, zum Einfrieren
1 Brot

- 500 g Roggenvollkornmehl
- 500 g Roggenmehl, Type 1150
- 2 gestrichene EL Salz
- 2 Päckchen Trockenhefe à 20 g
- 2 Päckchen Sauerteigextrakt à 30 g Trockenprodukt aus dem Reformhaus
- 700 ml zimmerwarmes, dunkles Bier
- 50 g Zuckerrübensirup
- Mehl zum Kneten und für den Korb

Die beiden Mehlsorten, das Salz, die Hefe und den Sauerteigextrakt in einer Rührschüssel mischen. Das Bier und den Rübensirup dazugeben und alles mit dem Knethaken der Küchenmaschine etwa 5 Minuten verkneten, bis sich der Teig vom Schüsselrand löst.

Den Teig zu einer Kugel formen, in die Schüssel setzen und mit wenig Wasser bestreichen. Mit einer Plastiktüte umhüllt im 35°C warmen Ofen etwa 2 Stunden gehen lassen.

Inzwischen einen Brotkorb für 1 1/2 kg Brot gleichmäßig mit Mehl ausstreuen.

Den Teig auf der bemehlten Arbeitsfläche kräftig durchkneten und zu einer Kugel formen. Der Schluß soll gut verklebt sein, eventuell mit etwas Wasser benetzen und auf der Arbeitsfläche etwas runddrehen.

Den Laib mit dem Schluß nach oben in den Brotkorb legen. Den Korb in eine Plastiktüte stecken und im 35°C warmen Ofen etwa 30 Minuten gehen lassen.

Den Laib auf ein mit Backpapier belegtes Blech stürzen und die Tüte locker darüberstülpen. Gehen lassen, bis der Ofen auf 250°C aufgeheizt ist.

1/2 Liter kochendes Wasser in die mitaufgeheizte Saftpfanne gießen und das Brot sofort auf der 2. Schiene von unten 10 Minuten backen. Die Temperatur auf 200°C reduzieren und das Brot etwa 45 Minuten weiterbacken.

Auf einem Kuchengitter auskühlen lassen.

Nährwerte insgesamt
Kilokalorien 3410, Kilojoule 14260, Eiweiß/g 92, Kohlenhydrate/g 710, Fett/g 15, Ballaststoffe/g 113,0

BROT, DER KNUSPRIGE LAIB AUS DEM OFEN

Sonnenblumenbrot

einfach, braucht Zeit, zum Einfrieren
1 Brot

- 1 1/2 Würfel frische Hefe, 63 g
- 1/2 l lauwarme Milch
- 1/2 TL Zucker
- 300 g Roggenmehl, Type 977
- 450 g Weizenvollkornmehl
- 3 TL Salz
- 1 EL gemahlener Kümmel
- 50 g weiche Butter
- Mehl zum Kneten
- 80 g Sonnenblumenkerne

Die Hefe in 200 ml Milch hineinbröckeln und zusammen mit dem Zucker verrühren. Etwa 10 Minuten gehen lassen.

Inzwischen in einer Rührschüssel das Roggenmehl, Weizenmehl, Salz und Kümmel mischen, die Butter in Flöckchen darüber verteilen. Die Hefe-Milch und die restliche Milch dazugeben und alles etwa 5 Minuten zu einem geschmeidigen Teig verkneten.

Den Teig zu einer Kugel formen, in die Schüssel setzen und mit wenig Wasser bestreichen. Mit einer Plastiktüte umhüllt im 35°C warmen Ofen etwa 30 Minuten gehen lassen.

Den Teig auf bemehlter Arbeitsfläche durchkneten, dabei 50 g Sonnenblumenkerne gleichmäßig einarbeiten.

Den Teig zu einem runden Laib mit Schluß formen. Die restlichen Sonnenblumenkerne auf einem großen Teller verteilen. Die glatte Teigoberfläche auf einem feuchten

Hölzerner Backtrog zum Mischen und Kneten des Teigs.

Schwamm wenden, dann sofort in den Sonnenblumenkernen wälzen.

Den Laib mit dem Schluß nach unten auf ein mit Backpapier belegtes Blech heben. Mit einem feuchten Geschirrtuch abdecken, Folie locker darüber legen und im 35°C warmen Ofen etwa 30 Minuten gehen lassen.

Den Laib mit Tuch und Folie bedeckt

Brot, der knusprige Laib aus dem Ofen

Ein Strohrad am Stiel – der einfache aber praktische Besen, mit dem alte Backöfen ausgekehrt wurden.

außerhalb des Ofens gehen lassen, bis der Ofen auf 250°C aufgeheizt ist.

Kochendes Wasser in die mitaufgeheizte Saftpfanne gießen und das Brot sofort auf der 2. Schiene von unten 10 Minuten bakken. Die Temperatur auf 200°C reduzieren und das Brot etwa 40 Minuten fertigbacken. Auf einem Kuchengitter auskühlen lassen.

Nährwerte insgesamt
Kilokalorien 3560, Kilojoule 14900, Eiweiß/g 113,
Kohlenhydrate/g 518, Fett/g 113, Ballaststoffe/g 69,5

Grünkern-Vollkornbrot

Der Grünkern verleiht dem Brot einen nußähnlichen Geschmack. Unter der kräftigen Kruste steckt ein sehr saftiges Brot, das sein volles Aroma erst nach einigen Stunden erhält. Es sollte auf jeden Fall vollständig ausgekühlt sein. Am nächsten Tag läßt es sich noch besser schneiden.

Den Grünkern 12 Stunden quellen lassen

einfach, braucht Zeit, zum Einfrieren
1 Brot

- 100 g Grünkern
- 1 TL Zucker
- 500 ml lauwarmes Wasser
- 1 Würfel frische Hefe, 42 g
- 300 g Grünkernvollkornmehl
- 150 g Roggenvollkornmehl
- 300 g Weizenvollkornmehl
- 1 Messerspitze Ascorbinsäure
- 2 1/2 TL Salz
- 1 TL gemahlener Kardamom
- 100 ml zimmerwarmer Zitronensaft
- Öl für die Form
- 1 TL Speisestärke
- 100 ml kaltes Wasser

Den Grünkern in einer Schüssel mit reichlich Wasser zugedeckt über Nacht (etwa 12 Stunden) quellen lassen.

Am Backtag den Zucker in 250 ml Wasser verrühren. Die Hefe hineinbröckeln und auflösen. Etwa 10 Minuten gehen lassen.

Inzwischen den Grünkern in einem Sieb abtropfen lassen. In einer Rührschüssel das Grünkern-, das Roggen- und das Weizenvollkornmehl, die Ascorbinsäure, das Salz und den Kardamom mischen.

Den Grünkern, das Hefe-Wasser, das restliche Wasser und den Zitronensaft dazugeben und alles mit dem Knethaken der Küchenmaschine etwa 5 Minuten kneten, bis sich der Teig vom Schüsselrand löst.

Den Teig zu einer Kugel formen, in die Schüssel setzen und mit wenig Wasser bestreichen. Mit einer Plastiktüte umhüllt im 35°C warmen Ofen etwa 30 Minuten gehen lassen.

Inzwischen eine längliche Brotform oder eine Kastenform mit etwa 2 1/2 Liter Inhalt fetten.

Den Teig mit der Küchenmaschine 5-6 Umdrehungen kneten, bis er sich wieder vom Schüsselrand löst. Mit den Händen zu einer Kugel formen, dann zu einem länglichen Laib in der Größe der Kastenform.

Den Teig in die Form setzen und mit einer Plastiktüte umhüllt im 35°C warmen Ofen nochmals 30 Minuten gehen lassen.

Den Teig in der Form außerhalb des Ofens, weitergehen lassen, bis der Ofen auf 250°C vorgeheizt ist.

Die Teigoberfläche mehrmals mit einem Schaschlikspieß 2 cm tief einstechen.

Reichlich kochendes Wasser in die mitaufgeheizte Saftpfanne gießen. Sofort die Form auf der 2. Schiene von unten einschieben und 10 Minuten backen. Die Temperatur auf 200°C reduzieren und 30 Minuten weiterbacken.

Inzwischen die Stärke mit dem Wasser in einem kleinen Topf glattrühren, einmal aufkochen lassen und vom Herd nehmen.

Das Brot auf ein Backblech stürzen, wieder umdrehen und rundherum mit wenig Stärkelösung bestreichen. Je nach gewünschter Krustenstärke 10 bis 20 Minuten weiterbacken. Eventuell oben locker mit Folie abdecken, damit es nicht zu dunkel wird.

Das Brot auf einem Kuchengitter auskühlen lassen.

Hinweis: Kastenbrot hat leider nur oben eine richtige Kruste. Wenn das Brot aber am Ende noch ohne Form fertiggebacken wird, erhält es rundherum eine leckere Kruste, die nicht nur mehr zum Kauen bietet, sondern auch für die typischen Geschmacksstoffe sorgt. Zusätzlich wird das Brot noch mit einer Stärkelösung bestrichen, die für Glanz und Knusperspaß sorgt.

Die Stärkelösung nur einmal dünn aufstreichen, sonst wird das Brot weich. Zum besseren Abmessen und Aufkochen muß jedoch eine größere Menge zubereitet werden, deren Rest weggegossen wird.

Nährwerte insgesamt
Kilokalorien 1780, Kilojoule 7480, Eiweiß/g 62, Kohlenhydrate/g 348, Fett/g 14, Ballaststoffe/g 56,2

BROT, DER KNUSPRIGE LAIB AUS DEM OFEN

TIPP

Ganz gleich, in welche Verpackung Sie Ihre Brote oder Brötchen stecken, sie sollten auf jeden Fall bei Zimmertemperatur aufbewahrt werden. Im Kühlschrank wird das Brot besonders schnell altbacken.

Nuß- und Kräuterbrote

braucht Zeit, zum Einfrieren
2 Brote

Grundteig
- 1 EL brauner Zucker
- 500 ml lauwarmes Wasser
- 1 1/2 Würfel frische Hefe, 63 g
- 200 g Roggenmehl, Type 997
- 200 g Weizenmehl, Type 405
- 200 g Weizenschrot
- 3 TL Salz
- Mehl für die Arbeitsfläche

Kräuterbrot
- 2 TL getrockneter Rosmarin
- 2 TL getrockneter Thymian
- 2 EL Sesamsamen
- 1 EL Sesamöl

Walnußbrot
- 2 TL getrocknetes Bohnenkraut
- 100 g gehackte Walnußkerne
- 1 EL Walnußöl

Außerdem
- 1 EL Sesamsamen für die Oberfläche
- etwas Schlagsahne oder Milch zum Bestreichen

Den Zucker in 250 ml Wasser verrühren. Die Hefe hineinbröckeln und auflösen. Etwa 10 Minuten gehen lassen.

Inzwischen in einer Rührschüssel Roggenmehl, Weizenmehl, Weizenschrot und Salz vermischen. Das Hefe-Wasser und das restliche Wasser dazugeben und alles mit dem Knethaken der Küchenmaschine etwa 5 Minuten verkneten.

Den Teig zu einer Kugel formen, in die Schüssel setzen und mit wenig Wasser bestreichen. Mit einer Plastiktüte umhüllt im 35°C warmen Ofen etwa 30 Minuten gehen lassen.

Den Teig auf bemehlter Arbeitsfläche nochmals kurz durchkneten, dann halbieren. Für das Kräuterbrot den Rosmarin, Thymian, Sesamsamen und Sesamöl unter eine Teighälfte kneten. Den Teig zu einer Kugel mit Schluß formen, dann zu einem etwa 30 cm langen Laib ausformen. Die Oberfläche auf einem feuchten Schwammtuch wenden und dann in dem Sesam wälzen. Auf ein mit Backpapier belegtes Blech setzen.

Für das Walnußbrot das Bohnenkraut, Walnußkerne und Walnußöl unter die andere Teighälfte kneten. Das Brot ebenfalls zunächst rund und dann länglich formen. Die Oberfläche auf einem feuchten Schwamm wenden und dann in dem Sesam wälzen. Den Laib neben das Kräuterbrot auf das Blech setzen.

Brot, der knusprige Laib aus dem Ofen

Die Brote mit einem feuchten Geschirrtuch abdecken, Folie locker darüber legen und im 35°C warmen Ofen etwa 30 Minuten gehen lassen.

Das Walnußbrot mit Schlagsahne oder Milch bestreichen, die Oberfläche mit einem scharfen Messer mehrmals schräg etwa 1 cm tief einschneiden. Die Brote unbedeckt an einem zugfreien Ort gehen lassen, bis der Ofen auf 250°C aufgeheizt ist.

Kochendes Wasser in die mitaufgeheizte Saftpfanne gießen und die Brote sofort auf der 2. Schiene von unten einschieben. Die Temperatur auf 200°C reduzieren und die Brote etwa 40 Minuten backen.

Auf einem Kuchengitter auskühlen lassen.

Nährwerte für das gesamte Kräuterbrot
Kilokalorien 1160, Kilojoule 4850, Eiweiß/g 34, Kohlenhydrate/g 210, Fett/g 19, Ballaststoffe/g 22,0

Nährwerte für das gesamte Nußbrot
Kilokalorien 1800, Kilojoule 7540, Eiweiß/g 48, Kohlenhydrate/g 220, Fett/g 81, Ballaststoffe/g 28,0

Walnußbrot

einfach, braucht Zeit, zum Einfrieren
1 Brot

- 1 Beutel Sauerteig, 150 g
- 1 TL Zucker
- 600 ml lauwarmes Wasser
- 1 Würfel frische Hefe, 42 g
- 500 g Weizenvollkornmehl
- 500 g Roggenmehl, Type 1150
- 1 Messerspitze Ascorbinsäure
- 4 TL Salz
- 1 TL gestoßener Kümmel
- 1/2 TL gemahlene Fenchelsamen
- 1 TL gemahlener Koriander
- Mehl zum Kneten
- 150 g Walnußkerne
- 3 EL Haferflocken

Den Sauerteigbeutel zum Temperieren in warmes Wasser legen.

Den Zucker in 200 ml Wasser verrühren. Die Hefe hineinbröckeln und auflösen. Etwa 10 Minuten gehen lassen.

Inzwischen in einer Rührschüssel das Weizenmehl, Roggenmehl, Ascorbinsäure, Salz, Kümmel, Fenchel und Koriander mischen. Den Sauerteig, das Hefe-Wasser und das restliche Wasser dazugeben und alles etwa 5 Minuten zu einem geschmeidigen Teig verkneten.

Den Teig zu einer Kugel formen, in die Schüssel setzen und mit wenig Wasser bestreichen. Mit einer Plastiktüte umhüllt im 35°C warmen Ofen etwa 45 Minuten gehen lassen.

Inzwischen die Walnußkerne grob hacken. Den Teig auf bemehlter Arbeitsfläche kneten und die Walnüsse gleichmäßig einarbeiten.

Den Teig zu einem runden Laib mit Schluß formen, dann oval ausformen. Die glatte Oberfläche auf einem feuchten Schwamm wenden, dann in den Haferflocken wälzen.

Den Laib mit dem Schluß nach unten auf ein mit Backpapier belegtes Blech heben. Mit einem feuchten Geschirrtuch abdecken, Folie locker darüber legen und im 35°C warmen Ofen etwa 40 Minuten gehen lassen.

Außerhalb des Ofens mit Tuch und Folie bedeckt weitergehen lassen, bis der Ofen auf 250°C aufgeheizt ist.

1/2 Liter kochendes Wasser in die mitaufgeheizte Saftpfanne gießen und das Brot sofort auf der 2. Schiene von unten 10 Minuten

Brot, der Knusprige Laib aus dem Ofen

backen. Die Temperatur auf 200°C reduzieren und das Brot 45 bis 50 Minuten fertigbacken.

Auf einem Kuchengitter auskühlen lassen.

Nährwerte insgesamt
Kilokalorien 4500, Kilojoule 18840, Eiweiß/g 137, Kohlenhydrate/g 719, Fett/g 116, Ballaststoffe/g 113,7

Thymianbrot

braucht Zeit, zum Einfrieren
1 Brot

- 1/2 TL Zucker
- 275 ml lauwarmes Wasser
- 1 Würfel frische Hefe, 42 g
- 200 g Dinkelvollkornmehl
- 300 g Weizenmehl, Type 405
- 3 TL Salz
- 2 TL getrockneter Thymian
- Mehl zum Kneten
- 1 TL Speisestärke
- 100 ml kaltes Wasser

Den Zucker in dem Wasser verrühren. Die Hefe hineinbröckeln und auflösen. Etwa 10 Minuten gehen lassen.

In einer Rührschüssel das Dinkelvollkornmehl, das Weizenmehl, das Salz und den Thymian mischen. Das Hefe-Wasser dazugeben und alles etwa 5 Minuten kneten, bis sich der Teig vom Schüsselrand löst.

Den Teig zu einer Kugel formen, in die Schüssel setzen und mit wenig Wasser bestreichen. Mit einer Plastiktüte umhüllt im 35°C warmen Ofen etwa 30 Minuten gehen lassen.

Den Teig auf leicht bemehlter Arbeitsfläche kurz kneten, dann zu einem 40x15 cm großen Oval ausrollen, dabei die Enden spitz zulaufen lassen (Foto). Den Teig von einem Ende her straff aufrollen und das Ende etwas ausgezogen festdrücken.

Ein Backblech mit einem feuchten Tuch und darüber mit Backpapier belegen. Den Laib mit dem Schluß nach unten darauflegen. Das Backpapier an den offenen, gewikkelten Enden hochklappen und jeweils eine leere Flasche oder ähnliches quer dagegen legen, damit der Teig beim Gehen besser aufspringt.

Die Oberfläche mit wenig Wasser bestreichen. Mit einem scharfen Messer mit flach geführter Klinge in Längsrichtung 2 cm tief einschneiden (Foto).

Im 35°C warmen Ofen etwa 20 Minuten gehen lassen.

Das Brot an einem zugfreien Ort weitergehen lassen, bis der Ofen auf 250°C aufgeheizt ist. Die Flaschen vom Blech entfernen, das Tuch vorsichtig herausziehen und das Backpapier wieder auf das Blech klappen.

Reichlich Wasser in die mitaufgeheizte Saftpfanne gießen und das Brot sofort auf der mittleren Schiene einschieben. Die Temperatur auf 200°C reduzieren und das Brot 30 Minuten backen.

Inzwischen die Stärke mit dem Wasser in einem kleinen Topf glattrühren und einmal aufkochen lassen. Vom Herd nehmen.

Das Brot kurz aus dem Ofen nehmen, die glatten Flächen des Brots mit wenig Stärkelösung bestreichen und 10 Minuten fertigbacken. Auf einem Kuchengitter auskühlen lassen.

Die Stärkelösung sorgt für Glanz und Knusprigkeit.

Nährwerte insgesamt
Kilokalorien 1660, Kilojoule 6960, Eiweiß/g 57, Kohlenhydrate/g 334, Fett/g 8, Ballaststoffe/g 32,0

Um dem Teig etwas Säure zu verleihen und den Roggen besser aufzuschließen, wird hier ein eintägiger Vorteig bereitet. Die Milchsäurekulturen aus dem Joghurt sorgen zusätzlich für feine Säuerung. Das Brot ist besonders schmackhaft und besser haltbar.

Roggen-Dinkel-Korbbrot

Der Vorteig muß 24 Stunden gehen

braucht Zeit, zum Einfrieren
1 Brot

1. Tag
- 50 g Roggenschrot
- 100 g Roggenvollkornmehl
- 150 g Dinkelschrot
- 1/2 Päckchen Trockenhefe
- 200 g Naturjoghurt, 3,5% Fett
- 400 ml Wasser

2. Tag
- 300 g Roggenvollkornmehl
- 300 g Dinkelvollkornmehl
- 2 gestrichene EL Salz
- 1/2 Päckchen Trockenhefe
- 1 Messerspitze Ascorbinsäure
- Mehl zum Kneten und für den Korb

Am 1. Tag das Roggenschrot, das Roggenvollkornmehl, das Dinkelschrot und die Hefe in einer Schüssel mischen. Den Joghurt und das Wasser dazugeben und alles zu einem glatten Vorteig verrühren. Mit einer Plastiktüte umhüllt bei Zimmertemperatur etwa 24 Stunden gehen lassen.

Am Backtag das Roggen- und das Dinkelvollkornmehl, das Salz, die Hefe und die Ascorbinsäure dazugeben und alles etwa 5 Minuten zu einem geschmeidigen Teig verkneten. Auf gut bemehlter Arbeitsfläche zu einer Kugel formen und in die Schüssel setzen. Mit einer Plastiktüte umhüllt im 35°C warmen Ofen etwa 40 Minuten gehen lassen.

Inzwischen einen runden Brotkorb für 1 1/2 kg kräftig mit Mehl ausstreuen.

Den Teig mit der Küchenmaschine kurz kneten, dann mit einem bemehlten Teigschaber auf die bemehlte Arbeitsfläche stürzen und kurz kneten. Dabei zu einem runden Laib mit Schluß formen. Der Schluß soll gut verklebt sein, eventuell mit etwas Wasser benetzen.

Den Laib mit dem Schluß nach oben in den Brotkorb legen. Den Korb in eine Plastiktüte stecken und im 35°C warmen Ofen gut 30 Minuten gehen lassen.

Das Brot im Korb in der Tüte außerhalb des Ofens weitergehen lassen, bis der Ofen auf 250°C aufgeheizt ist.

Den Laib vorsichtig auf ein mit Backpapier belegtes Blech stürzen. Kochendes Wasser in die mitaufgeheizte Saftpfanne gießen und das Brot sofort auf der 2. Schiene von unten 10 Minuten backen. Die Temperatur auf 200°C reduzieren und das Brot etwa 45 Minuten fertigbacken.

Auf einem Kuchengitter auskühlen lassen.

Hinweis: Der Teig für dieses Brot ist etwas weicher als die anderen in diesem Buch und ist daher für ein Vollkornbrot auch besonders locker. Der etwas klebrige Teig muß vorsichtig verarbeitet werden. Durch das Gehen im Korb behält er seine Form. Das Brot erst ganz kurz vor dem Backen stürzen, da es sonst breitläuft.

Nährwerte insgesamt
Kilokalorien 2890, Kilojoule 12120, Eiweiß/g 102,
Kohlenhydrate/g 553, Fett/g 26, Ballaststoffe/g 106,6

BROT, DER KNUSPRIGE LAIB AUS DEM OFEN

Als **Variante** haben wir in den zweiten Brotlaib einen alten Brotstempel gedrückt - eine christliche Tradition, besonders auf dem Land.

Kartoffelbrote

braucht Zeit, zum Einfrieren
2 Brote

- 1/2 TL Zucker
- 3 TL Salz
- 250 ml lauwarmes Wasser
- 1 Würfel frische Hefe, 42 g
- 350 g Roggenmehl, Type 1150
- 300 g Weizenmehl, Type 405
- 50 g Stärkemehl
- 300 g gekochte, geschälte Kartoffeln
- 1/2 TL gemahlener Kümmel
- 1/2 TL gemahlener Koriander
- 1/2 TL getrockneter Majoran
- Mehl zum Kneten, Formen und für das Blech
- 2 EL Kümmel zum Bestreuen

Den Zucker und das Salz in dem Wasser verrühren. Die Hefe hineinbröckeln und auflösen. Etwa 10 Minuten gehen lassen.

Inzwischen in einer Rührschüssel das Roggen-, das Weizenmehl und die Stärke vermischen. Die Kartoffeln durch eine Presse drücken und zu dem Mehl geben. Die Gewürze untermischen.

Das Hefe-Wasser dazugeben und alles mit den Knethaken der Küchenmaschine etwa 5 Minuten zu einem geschmeidigen Teig verkneten.

Eventuell mit etwas Mehl zu einer Kugel formen. Diese in eine Schüssel geben und mit einer Plastiktüte umhüllt im 35°C warmen Ofen etwa 30 Minuten gehen lassen.

Den Teig auf leicht bemehlter Arbeitsfläche kurz durchkneten und in 2 Portionen teilen. Jedes Teigstück zu einer glatten Kugel und dann zu einem ovalen Laib formen. Mit der feuchten Hand über die Oberfläche streichen und den Kümmel andrücken. Die Laibe nebeneinander auf ein mit Backpapier belegtes Blech heben, mit einem feuchten Geschirrtuch abdecken und im 35°C warmen Ofen 30 Minuten gehen lassen.

Das Blech aus dem Ofen nehmen und die Laibe abgedeckt weitergehen lassen, bis der Ofen auf 250°C aufgeheizt ist. Kurz vor dem Backen mit einem Kochlöffelstiel 3 Kreuze in die Oberfläche drücken (siehe Seite 37).

100 ml Wasser in eine mitaufgeheizte Saftpfanne gießen und die Laibe sofort in den Ofen schieben. Bei voller Hitze 30 Minuten backen. Auf einem Kuchengitter auskühlen lassen.

Brot, der Knusprige Laib aus dem Ofen

Der Anteil an Stärkemehl kann je nach dem Stärkegehalt der Kartoffeln variieren. Zu wässerigen Frühkartoffeln 1 Eßlöffel Stärke mehr geben. Mehlige Winterkartoffeln brauchen eventuell keinen Stärkezusatz.

Durch die Kartoffeln bleibt das Brot etwa 2 Tage besonders saftig.

Nährwerte insgesamt
Kilokalorien 2370, Kilojoule 9930, Eiweiß/g 70,
Kohlenhydrate/g 495, Fett/g 8, Ballaststoffe/g 48,9

Wenn Sie das Vollkornmehl selbst mahlen, können Sie ganze Fenchelsamen mitmahlen. Anstatt 1 Teelöffel Pulver benötigen Sie 2 Teelöffel Samen. Das Aroma von frisch gemahlenen Gewürzen ist natürlich noch feiner.

Sojaschrot muß im Gegensatz zu Getreideschrot nicht vorgequollen werden, da es kaum Wasser aufnimmt. Es verleiht dem Brot einen nußähnlichen Geschmack und sorgt für Biß, ohne hart zu sein. Zudem sorgt das Schrot auf der Oberfläche für eine besonders knusprige Kruste.

Sojabrot

einfach, braucht Zeit, zum Einfrieren
1 Brot

- 300 g Roggenvollkornmehl
- 250 g Weizenvollkornmehl
- 250 g Weizenmehl, Type 405
- 200 g Sojaschrot
- 1 Prise Ascorbinsäure
- 1 Beutel Sauerteigextrakt, 30 g Trockenprodukt aus dem Reformhaus
- 2 Päckchen Trockenhefe, à 20 g
- 3 TL Salz
- 1 TL gemahlener Fenchel
- 650 ml lauwarmes Wasser
- Mehl zum Kneten
- 3 EL Sojaschrot für die Oberfläche

Die drei Mehlsorten, das Sojaschrot, die Ascorbinsäure, den Sauerteigextrakt, die Trockenhefe, das Salz und den Fenchel in einer Rührschüssel mischen. Das Wasser dazugießen und alles etwa 5 Minuten mit dem Knethaken verkneten.

Den Teig zu einer Kugel formen, in die Schüssel setzen und mit etwas Wasser bestreichen. Mit einer Plastiktüte umhüllt im 35°C warmen Ofen 2 Stunden gehen lassen.

Den Teig mit etwas Mehl auf der Arbeitsfläche nochmals kurz durchkneten. Diesen zunächst zu einer Kugel, dann zu einem etwa 30 cm langen Laib formen.

Die Oberfläche mit etwas Wasser bestreichen und in das auf der Arbeitsfläche liegende Sojaschrot drücken. Dabei mit der Rundung hin und her rollen, damit die gesamte Oberfläche mit Sojaschrot bedeckt ist. Den Laib mit dem Schrot nach oben auf ein mit Backpapier belegtes Blech setzen. Die Oberfläche halbrund in Form drücken und mit einem feuchten Tuch abdecken. Im 35°C warmen Ofen nochmals etwa 30 Minuten gehen lassen.

Das Blech aus dem Ofen nehmen und den Laib abgedeckt weitergehen lassen, bis der Ofen auf 250°C aufgeheizt ist.

Kochendes Wasser in die mitaufgeheizte Saftpfanne gießen und den Laib sofort auf der mittleren Schiene 15 Minuten backen. Die Temperatur auf 200°C reduzieren und das Brot in etwa 40 Minuten fertigbacken.

Den Laib auf einem Kuchengitter auskühlen lassen.

Nährwerte insgesamt
Kilokalorien 350, Kilojoule 14750, Eiweiß/g 168, Kohlenhydrate/g 579, Fett/g 54, Ballaststoffe/g 97,4

Kürbiskernbrot aus dem Tontopf

einfach, braucht Zeit, zum Einfrieren
1 Brot

- 1 Würfel frische Hefe, 42 g
- 1/2 l lauwarmes Wasser
- 1/2 TL Zucker
- 600 g Weizenvollkornmehl
- 200 g Weizenmehl, Type 405
- 3 TL Salz
- 1 TL gemahlener Koriander
- 50 ml Kürbiskernöl
- Mehl zum Kneten
- 100 g geschälte Kürbiskerne
- Öl für die Form

Boden und Deckel eines Tontopfes in Wasser legen.

Die Hefe in 200 ml Wasser hineinbröckeln und zusammen mit dem Zucker glatt verrühren.

Inzwischen in einer Rührschüssel die beiden Mehlsorten, das Salz und den Koriander mischen. Das Hefe-Wasser, das restliche Wasser und das Öl dazugeben und alles etwa 5 Minuten zu einem geschmeidigen Teig verkneten. Den Teig zu einer Kugel formen, in die Schüssel setzen und mit wenig Wasser bestreichen. Mit einer Plastiktüte umhüllt im 35°C warmen Ofen 45 Minuten gehen lassen.

Den Teig auf der leicht bemehlten Arbeitsfläche nochmals kurz durchkneten, dabei die Kürbiskerne einarbeiten. Den Teig zu einer Kugel mit Schluß formen.

Den Tontopf abtrocknen, den Boden und den Deckel dünn mit Öl auspinseln.

Den Teiglaib in der Größe des Tontopfes ausformen und in den Topf legen. Die Oberfläche mehrfach mit einer Gabel einstechen und den Deckel schließen. Den Tontopf auf die unterste Schiene des kalten Backofens stellen, und die Temperatur auf 200°C schalten. Das Brot 1 1/2 Stunden backen.

Das Brot im Topf etwa 15 Minuten auskühlen lassen, dann auf ein Kuchengitter stürzen.

Nährwerte insgesamt
Kilokalorien 3560, Kilojoule 149010, Eiweiß/g 118, Kohlenhydrate/g 516, Fett/g 112, Ballaststoffe/g 76,8

Dieses Brot gelingt leicht. Es muß nur einmal in der Schüssel gehen. Das zweite Gehen erfolgt im Tontopf während des Aufheizens des Backofens.
Hier sind nicht nur Kürbiskerne im Teig versteckt, sondern auch das sehr intensiv nussig schmeckende Öl der Kerne. Wer auf diesen doppelten Kürbisgeschmack verzichten möchte, kann auch 50 ml Olivenöl oder neutrales Sonnenblumenöl verwenden.
Dieses sehr lockere Brot eignet sich auch hervorragend zum Toasten.

Kornbrot

einfach, braucht Zeit, zum Einfrieren
1 Brot

- 100 g Haferkörner
- 100 g Roggenkörner
- 100 g Weizenkörner
- 600 g Weizenvollkornmehl
- 100 g Roggenvollkornmehl
- 4 TL Salz
- 1 1/2 TL gemahlenes Brotgewürz
- 2 Päckchen Trockenhefe
- 2 EL Essigessenz
- 400 ml lauwarmes Wasser

Die Hafer-, Roggen- und Weizenkörner über Nacht in Wasser quellen lassen oder etwa 30 Minuten kochen.

In einer Rührschüssel das Weizen- und das Roggenvollkornmehl, das Salz, das Brotgewürz und die Hefe mischen.

Die gequollenen Körner in einem Sieb gut abtropfen lassen. Zusammen mit dem Essig und dem Wasser zum Mehl geben und alles zu einem geschmeidigen Teig verkneten.

Den Teig zu einer Kugel formen, in die Schüssel setzen und mit wenig Wasser bestreichen. Mit einer Plastiktüte umhüllt im 35°C warmen Ofen etwa 45 Minuten gehen lassen.

Den Teig mit den Händen kurz durchkneten und zu einem 25 cm langen ovalen Laib formen. Auf der Arbeitsfläche hin und herrollen, damit die Oberfläche möglichst glatt wird und nur wenige Körner zu sehen sind.

Den Laib auf ein mit Backpapier belegtes Blech setzen. Mit einem dicken Kochlöffelstiel in der Mitte längs eine Kerbe etwa 2 cm tief eindrücken.

Den Laib mit einem feuchten Geschirrtuch abdecken, Folie locker darüber legen und im 35°C warmen Ofen 30 Minuten gehen lassen.

Außerhalb des Ofens weitergehen lassen, bis der Ofen auf 250°C aufgeheizt ist.

Reichlich kochendes Wasser in die mitaufgeheizte Saftpfanne gießen. Das Brot auf der mittleren Schiene 10 Minuten backen. Die Temperatur auf 200°C reduzieren und das Brot in etwa 40 Minuten fertigbacken. Auf einem Kuchengitter auskühlen lassen.

TIPP

Wer auf Vorrat bäckt, sollte die Brote oder Brötchen einfrieren. Die gewünschte Menge in Gefrierbeuteln verpacken und am besten vakuumverschweißen. Wenn Sie nur kleine Mengen Brot auf einmal benötigen, können Sie es in Scheiben einfrieren. Ein weiterer Vorteil des Schnittbrots ist auch das schnelle Auftauen.

Dieses Brot benötigt wegen des überwiegenden Weizenanteils nur Hefe, um locker aufzugehen. Zur geschmacklichen Abrundung in Anlehnung an den Sauerteig wird hier Essig dazugegeben. Dieser verleiht dem Brot einen leicht säuerlichen Geschmack und macht es zudem etwas länger haltbar.

BROT, DER KNUSPRIGE LAIB AUS DEM OFEN

Anstatt der Essigessenz kann natürlich auch jeder fertige Haushaltsessig verwendet werden. Sie benötigen 120 ml Essig. Die Wassermenge reduziert sich dann auf etwa 300 ml.

Wer das Vollkornmehl in der eigenen Mühle mahlt, kann 2 Teelöffel Brotgewürz mit dem Getreide mitmahlen.

Nährwerte insgesamt
Kilokalorien 3170, Kilojoule 13270, Eiweiß/g 117, Kohlenhydrate/g 604, Fett/g 27, Ballaststoffe/g 103,9

Schafskäse und Oliven gehören in den südlichen Ländern Europas immer zusammen und werden häufig schon zum Frühstück verzehrt. Weißbrot mit Oliven wird in Italien gebacken. In unserem Rezept verleiht zerdrückter Schafskäse bereits dem Teig eine besondere Würze.

Schafskäse-Olivenbrot

braucht Zeit, zum Einfrieren
1 Brot

- 1 Würfel frische Hefe, 42 g
- 200 ml lauwarmes Wasser
- 1 Prise Zucker
- 150 g würziger Schafskäse
- 250 g Weizenmehl, Type 405
- 200 g Weizenvollkornmehl
- 2 TL Salz
- 2 EL Olivenöl
- 100 g schwarze oder grüne Oliven ohne Stein
- Mehl zum Kneten und Ausrollen

Die Hefe in das Wasser hineinbröckeln und zusammen mit dem Zucker glatt verrühren. Etwa 10 Minuten gehen lassen.

Inzwischen den Schafskäse mit einer Gabel zerdrücken. In einer Rührschüssel das Weizenmehl, das Weizenvollkornmehl und das Salz mischen. Den Schafskäse, das Olivenöl und das Hefe-Wasser dazugeben und alles etwa 5 Minuten zu einem geschmeidigen Teig verkneten, der sich vom Schüsselrand löst.

Den Teig zu einer Kugel formen, in die Schüssel setzen und mit wenig Wasser bestreichen. Mit einer Plastiktüte umhüllt im 35°C warmen Ofen etwa 45 Minuten gehen lassen.

Inzwischen die Oliven halbieren. Ein Blech mit einem feuchten Geschirrtuch und darüber mit Backpapier belegen.

Den Teig auf der leicht bemehlten Arbeitsfläche kräftig durchkneten und zu einem 30x40 cm großen Rechteck ausrollen. Die Oliven gleichmäßig darauf verteilen, dabei auf einer Schmalseite einen etwa 5 cm breiten Rand freilassen.

Den Teig von der gegenüberliegenden Schmalseite her aufrollen und mit der Naht nach unten auf das vorbereitete Blech heben.

Im 35°C warmen Ofen nochmals 20 Minuten gehen lassen.

Den Laib mehrmals schräg etwa 1 cm tief einschneiden und außerhalb des Ofens an einem zugfreien Ort weitergehen lassen, bis der Ofen auf 250°C vorgeheizt ist. Das Tuch auf dem Blech vorsichtig herausziehen.

Reichlich kochendes Wasser in die mitaufgeheizte Saftpfanne gießen und das Brot sofort auf der mittleren Schiene einschieben. Die Temperatur auf 200°C reduzieren und das Brot 40 Minuten backen. Auf einem Kuchengitter auskühlen lassen.

Nährwerte insgesamt
Kilokalorien 2180, Kilojoule 9140, Eiweiß/g 79, Kohlenhydrate/g 300, Fett/g 73, Ballaststoffe/g 34,4

Bauernfladen

einfach, braucht Zeit, zum Einfrieren
2 Fladen

- 2 EL Honig
- 1/4 l lauwarme Milch
- 1 Würfel frische Hefe, 42 g
- 200 g Roggenmehl, Type 1150
- 250 g Weizenvollkornmehl
- 2 TL Salz
- 50 g weiche Butter
- Mehl für die Arbeitsfläche
- 2 TL Korianderkörner

Den Honig in der Milch verrühren. Die Hefe hineinbröckeln und auflösen. Etwa 10 Minuten gehen lassen.

Inzwischen in einer Rührschüssel das Roggen-, Weizenmehl und Salz mischen. Die Butter in Flöckchen darüber verteilen. Die Hefe-Milch dazugeben und alles 5 Minuten zu einem geschmeidigen Teig verkneten.

Den Teig zu einer Kugel formen, in die Schüssel setzen und mit wenig Wasser bestreichen. Mit einer Plastiktüte umhüllt im 35°C warmen Ofen etwa 30 Minuten gehen lassen. Die Korianderkörner im Mörser grob stoßen.

Den Teig auf bemehlter Arbeitsfläche kurz durchkneten und in zwei gleichgroße Stücke teilen. Jede Hälfte zu einem etwa 2 cm dicken Fladen ausrollen, auf ein feuchtes Schwammtuch drücken und dann in den Koriander. Jeweils auf ein mit Backpapier belegtes Blech setzen.

Die Fladen mit einem feuchten Geschirrtuch abdecken, Folie locker darüber legen und im 35°C warmen Ofen etwa 40 Minuten gehen lassen.

Die Fladen außerhalb des Ofens mit Tuch und Folie bedeckt gehen lassen, bis der Ofen auf 220°C aufgeheizt ist.

Kochendes Wasser in die mitaufgeheizte Saftpfanne gießen und die Fladen nacheinander auf der mittleren Schiene 30 Minuten backen.

Auf einem Kuchengitter auskühlen lassen.

Nährwerte pro Stück
Kilokalorien 1040, Kilojoule 4370, Eiweiß/g 30, Kohlenhydrate/g 162, Fett/g 30, Ballaststoffe/g 21,1

Kastenweißbrot

einfach, braucht Zeit, zum Einfrieren
1 Brot

- 1 Prise Zucker
- 250 ml lauwarmes Wasser
- 1 Würfel frische Hefe, 42 g
- 500 g Weizenmehl, Type 405
- 2 1/2 TL Salz
- 40 g weiche Butter
- Fett für die Form

Den Zucker in dem Wasser verrühren. Die Hefe hineinbröckeln und auflösen. Etwa 10 Minuten gehen lassen.

Inzwischen das Mehl und Salz in einer Rührschüssel mischen und die Butter in Flöckchen darüber geben. Das Hefe-Wasser dazugießen und alles 5 Minuten zu einem geschmeidigen Teig verkneten, der sich vom Schüsselrand löst.

Den Teig zu einer Kugel formen, in die Schüssel setzen und mit wenig Wasser bestreichen. Mit einer Plastiktüte umhüllt im 35°C warmen Ofen etwa 30 Minuten gehen lassen.

Inzwischen eine Kastenform mit 2 Liter Inhalt fetten.

Den Teig nochmals kurz durchkneten, dann zu einem runden Laib mit Schluß formen. Den Laib in der Größe der Kastenform länglich ausformen und in die Form legen.

Die Form mit einer Plastiktüte umhüllen und den Teig im 35°C warmen Ofen etwa 30 Minuten gehen lassen.

Den Teig in der Tüte außerhalb des Ofens weitergehen lassen, bis der Ofen auf 220°C aufgeheizt ist.

Kochendes Wasser in die mitaufgeheizte Saftpfanne gießen und die Form sofort auf der 2. Schiene von unten einschieben und etwa 45 Minuten backen. Das Brot aus der Form stürzen und auf einem Kuchengitter auskühlen lassen.

Nährwerte insgesamt
Kilokalorien 2010, Kilojoule 8400, Eiweiß/g 54, Kohlenhydrate/g 355, Fett/g 39, Ballaststoffe/g 20,0

Wer das Brot besonders feinporig wünscht, sollte den Teig nicht zum Laib formen, sondern den Teig in zwei gleich große Stücke teilen. Diese zu Strängen rollen, die etwa 1 1/2mal so lang sind wie die Form. Die Stränge zu einer Kordel verdrehen und diese in die Form setzen.
Eine andere Methode ist es, den Teig in 8 oder 10 Portionen zu teilen und diese wie Brötchen rund zu formen. Dann mit dem Schluß nach unten in Zweierreihen in die Form setzen.

Soll das Brot rundherum eine rösche Kruste erhalten, kann es nach etwa 30 Minuten Backzeit aus der Form gestürzt werden und 10-20 Minuten auf einem Blech fertiggebacken werden.

Das Brot glänzt besonders schön, wenn es mit einer Stärkelösung bestrichen wird (siehe Grünkern-Vollkornbrot S.48).

Baguettes

einfach, braucht Zeit, zum Einfrieren
2 Stück

- 500 g Weizenmehl, Type 405
- 300 ml lauwarmes Wasser
- 1/2 Päckchen Trockenhefe, 10 g
- 2 TL Salz

Mit dem Knethaken der Küchenmaschine das Mehl und das Wasser etwa 4 Minuten verkneten, bis sich der Teig vom Schüsselrand löst. Die Hefe darüberstreuen und weitere 2 Minuten kneten. Dann das Salz zugeben und 2 Minuten weiterkneten.

Den Teig zu einer Kugel formen, in die Schüssel setzen und mit wenig Wasser bestreichen. Mit einer Plastiktüte umhüllt bei Raumtemperatur etwa 1 1/2 Stunden gehen lassen.

Den Teig in zwei gleich große Stücke teilen, jeweils zu einer Kugel und dann zu einer 30 cm langen Rolle formen.

Die Rollen mit 10 cm Abstand auf ein mit Backpapier belegtes Blech heben. Das Backpapier zwischen den Stangen als Falte nach oben ziehen, so daß die Baguettes getrennt durch die Papierfalte aneinanderstoßen.

Die Stangen mit einem feuchten Geschirrtuch abdecken und Folie locker darüber legen. Bei Raumtemperatur nochmals 1 1/2 Stunden gehen lassen.

Dann die Papierfalte wieder auseinanderziehen und die Baguettes an einem zugluftfreien Ort ohne Abdeckung etwa 20 Minuten ruhen lassen, damit sich eine feine Teighaut bilden kann.

Den Ofen auf 250°C aufheizen.

Die Stangen jeweils 4 bis 5mal schräg einschneiden. Dazu mit einem sehr scharfen Messer oder einer Rasierklinge knapp unter der Oberfläche waagrecht etwa 1 cm tief einschneiden.

Kochendes Wasser in die mitaufgeheizte Saftpfanne gießen und die Baguettes sofort auf der mittleren Schiene 5 Minuten backen. Die Temperatur auf 200°C reduzieren und die Baguettes 20 bis 25 Minuten goldbraun fertigbacken. Auf einem Kuchengitter auskühlen lassen.

Nährwerte pro Stück
Kilokalorien 860, Kilojoule 3590, Eiweiß/g 26,
Kohlenhydrate/g 179, Fett/g 3, Ballaststoffe/g 10,0

Buttermilchstangen

einfach, braucht Zeit, zum Einfrieren
2 Stangen

- 350 g Weizenmehl, Type 405
- 150 g Roggenmehl, Type 997
- 350 ml Buttermilch
- 1/2 Päckchen Trockenhefe, 10 g
- 1 1/2 TL Salz

Das Weizen- und das Roggenmehl in einer Rührschüssel mischen.

Die Buttermilch unter Rühren handwarm erhitzen, auf keinen Fall aufkochen lassen, da sie sonst ausflockt. Die Buttermilch zu

Brot, der Knusprige Laib aus dem Ofen

*Eine etwas herzhaftere Variante der bekannten Baguettes. Das Roggenmehl sorgt für einen kräftigeren Geschmack. Die Buttermilch verleiht den Stangen milde Säure und Saftigkeit.
Die Stangen werden wie Baguette schräg in dicke Scheiben geschnitten und passen als Beilage zu Fleisch und Gemüsegerichten oder zu Vorspeisen. Sie schmecken aber auch mit herzhaftem oder süßem Belag.*

dem Mehl geben und mit dem Knethaken etwa 4 Minuten verkneten, bis sich der Teig vom Schüsselrand löst.

Die Hefe darüberstreuen und weitere 2 Minuten kräftig unterkneten. Dann erst das Salz dazugeben und 2 Minuten weiterkneten.

Den Teig zu einer Kugel formen, die Oberfläche mit etwas Wasser befeuchten. Mit einer Plastiktüte umhüllt im 35°C warmen Ofen 45 Minuten gehen lassen.

Den Teig in zwei gleich große Stücke teilen, jeweils zur Kugel und dann zu einer 30 cm langen Rolle formen.

Die Rollen mit 10 cm Abstand auf ein mit Backpapier belegtes Blech heben. Das Backpapier zwischen den Stangen als Falte nach oben ziehen, so daß die Stangen getrennt durch die Papierfalte aneinanderstoßen.

Die Stangen mit einem feuchten Geschirrtuch abdecken und Plastikfolie locker darüber legen. Im 35°C warmen Ofen etwa 30 Minuten gehen lassen.

Das Blech aus dem Ofen nehmen, die Papierfalte auseinanderziehen und die Stangen an einem zugluftfreien Ort ohne Abdeckung 15 Minuten ruhen lassen, damit sich eine feine Teighaut bilden kann.

Den Ofen auf 250°C vorheizen.

Die Stangen jeweils 3mal schräg einschneiden. Dazu mit einem sehr scharfen Messer oder einer Rasierklinge knapp unter der Oberfläche waagrecht etwa 1 cm tief einschneiden.

Kochendes Wasser in die mitaufgeheizte Fettpfanne gießen und die Stangen sofort auf der mittleren Schiene 5 Minuten backen. Die Temperatur auf 200°C reduzieren und die Stangen in etwa 20 Minuten fertigbakken. Auf einem Kuchengitter auskühlen lassen.

*Nährwerte pro Stück
Kilokalorien 910, Kilojoule 3810, Eiweiß/g 30, Kohlenhydrate/g 186, Fett/g 4, Ballaststoffe/g 12,0*

Brötchen, nic

nur zum Frühstück

Dunkle Rosenbrötchen

Für den ersten Brötchenbackversuch ist dieses Rezept nicht geeignet. Wer aber schon einige Erfahrung mit dem Brötchenformen gewonnen hat und weiß, wie die Semmel oben schön rund wird und unten den typischen Schluß aufweist, wird hier das Bäckergeheimnis der Rosensemmel entdecken. Die typische Rose entsteht, wenn der Schluß nicht zu fest und nicht zu locker ist, und dieser nur mit wenig Öl bepinselt wird, damit der Teig beim Gehen nicht zusammenklebt. Nach dem Umdrehen springt dann die Rose durch den Gärdruck in ihrer typischen Form auf. Auch das heikle Umdrehen ist empfehlenswert, da dann die Rose besser aufspringt. Auch, wenn die Rose beim ersten Versuch nicht optimal ausfällt, schmecken die knusprigen, lockeren Brötchen natürlich ausgezeichnet.

einfach, braucht Zeit, zum Einfrieren
12 Brötchen

- 1 TL Zucker
- 225 ml lauwarmes Wasser
- 1 Würfel frische Hefe, 42 g
- 200 g Weizenvollkornmehl
- 250 g Weizenmehl, Type 405
- 50 g Weizenkeime
- 2 TL Salz
- 100 g zimmerwarmer Naturjoghurt, 3,5% Fett
- Mehl zum Kneten und für das Blech
- Öl zum Bestreichen

Den Zucker in dem Wasser verrühren. Die Hefe hineinbröckeln und auflösen. Etwa 10 Minuten gehen lassen.

Inzwischen in einer Rührschüssel die beiden Mehlsorten, die Weizenkeime und das Salz mischen. Das Hefe-Wasser und den Joghurt dazugeben und alles mit dem Knethaken etwa 5 Minuten kneten, bis sich der Teig vom Schüsselrand löst.

Den Teig zu einer Kugel formen und mit etwas Wasser bestreichen. Mit einer Plastiktüte umhüllt im 35°C warmen Ofen 30 Minuten gehen lassen.

Den Teig mit der Küchenmaschine 5-6 Umdrehungen kneten, bis er sich wieder vom Schüsselrand löst. Dann in 12 je 75 g schwere Stücke teilen und auf die leicht

Brötchen, nicht nur zum Frühstück

Jedes Teigstück über die Fingerkuppen nach unten ziehen und so eine Kugel mit glatter Oberfläche formen.

Die Unterseite mit dem Schluß auf der Arbeitsfläche drehen. Dabei die Teigkugel locker in der hohlen Hand halten.

Damit der Teig am Schluß beim Gehen und Backen nicht völlig verklebt, ganz wenig Öl in die Falten tupfen.

Keine Angst: Die Bötchen fallen beim Wenden etwas zusammen und werden leicht verdrückt. Das gleicht sich beim Backen wieder aus.

bemehlte Arbeitsfläche legen. Ein mit Backpapier belegtes Blech leicht mit Mehl bestäuben.

Jedes Stück zu einer straffen Kugel mit einem Schluß formen. Auf der Arbeitsfläche mit dem Schluß nach unten locker in der Hand drehen (rundwirken). Dabei nicht zu lange formen, so daß der Teig am Schluß noch nicht vollständig verklebt ist. Den Schluß mit etwas Öl benetzen und sofort mit dem Schluß nach unten in das Mehl auf dem Blech setzen.

Die Brötchen mit einem feuchten Geschirrtuch abdecken, Plastikfolie locker darüber legen und im 35°C warmen Ofen 20 Minuten gehen lassen.

Die Brötchen mit einem dünnen Teigschaber oder einer Palette sehr vorsichtig umdrehen, so daß der Schluß oben ist.

Die Brötchen außerhalb des Ofens mit Tuch und Folie bedeckt nochmals etwa 10 Minuten gehen lassen.

Inzwischen den Ofen auf 220°C vorheizen. Kochendes Wasser in die mitaufgeheizte Saftpfanne gießen und die Brötchen sofort auf der mittleren Schiene etwa 20 Minuten goldbraun backen.

Auf einem Kuchengitter auskühlen lassen.

Nährwerte pro Stück
Kilokalorien 140, Kilojoule 600, Eiweiß/g 6, Kohlenhydrate/g 27, Fett/g 1, Ballaststoffe/g 3,2

Die Brötchen erhielten ihren Namen, weil sie sonntags schnell gebacken werden können. Die Teigzubereitung findet am Vorabend und das 1. Gehen über Nacht statt. Die Brötchen müssen lediglich geformt werden, gehen und anschließend backen. Die 2. Gehzeit läßt sich leider nicht verkürzen, da die Brötchen sonst nicht luftig werden.

Sonntagsbrötchen

Den Teig über Nacht im Kühlschrank gehen lassen.

einfach, braucht Zeit, zum Einfrieren
10 Stück

- 1 Würfel frische Hefe, 42 g
- 200 ml Wasser
- 300 g Weizenmehl, Type 405
- 100 g Weizenschrot
- 1 1/2 TL Salz
- Mehl zum Formen

Die Hefe in das Wasser hineinbröckeln und auflösen.

Das Mehl, das Schrot und das Salz in einer Rührschüssel mischen. Das Hefe-Wasser dazugeben und alles 5 Minuten zu einem geschmeidigen Teig verkneten.

In eine Plastiktüte gehüllt über Nacht (etwa 12 Stunden) im Kühlschrank gehen lassen.

Den Teig mit der Küchenmaschine 5 Umdrehungen kneten, bis er sich wieder vom Schüsselrand löst. Dann mit den Händen kurz durchkneten und den Teig in 10 gleich schwere Stücke teilen.

Jedes Stück zu einer runden, oben glatten Kugel formen und mit dem Schluß nach unten auf ein mit Backpapier belegtes Blech setzen.

Die Oberfläche mit sehr wenig Wasser bestreichen und die Brötchen im 35°C warmen Ofen unabgedeckt etwa 45 Minuten gehen lassen.

Die Brötchen auf dem Blech an einem zugfreien Ort weitergehen lassen, bis der Ofen auf 220°C aufgeheizt ist.

Kochendes Wasser in die mitaufgeheizte Saftpfanne gießen und die Brötchen sofort auf der mittleren Schiene gut 20 Minuten goldbraun backen.

Auf einem Kuchengitter auskühlen lassen.

Nährwerte pro Stück
Kilokalorien 140, Kilojoule 570, Eiweiß/g 5, Kohlenhydrate/g 28, Fett/g 1, Ballaststoffe/g 2,1

Die Sonntagsbrötchen sind bewußt nur schlicht rund geformt, da dies am einfachsten ist. Natürlich können sie auch nach dem Formen auf einem feuchten Schwammtuch gerollt und in Mohn, Sesam, Leinsamen, Schwarzkümmel oder Kümmel gedrückt werden. Oder die befeuchteten Brötchen mit einem scharfen, leicht geölten Messer nach Belieben einschneiden.

Bestreuen oder Einschneiden muß auf jeden Fall gleich nach dem Formen, vor dem Gehen erfolgen.

BRÖTCHEN, NICHT NUR ZUM FRÜHSTÜCK

Gewürzte Brötchen

Damit Samen und Gewürze auf dem Teig halten, muß die Oberfläche der Teilchen feucht sein.

Damit der Teig nicht zu naß wird, befeuchtet man am besten ein frisches Schwammtuch und rollt oder drückt das Teigstück leicht darauf.
Die Samen auf einem flachen Teller ausstreuen und die feuchte Teigoberfläche hineinlegen. Dann gehen lassen.

Für reine Dinkelbrötchen kann das Weizenmehl durch helles Dinkelmehl ersetzt werden.

Brötchen aus hellem Weizenmehl werden schneller altbacken als solche aus Weizenvollkornmehl, die 1 bis 2 Tage aufbewahrt werden können.

Sonnenblumenkern-Schnecken

Dinkelschrot mindestens 3 bis 4 Stunden quellen

einfach, braucht Zeit, zum Einfrieren
10 Stück

- 100 g Dinkelschrot
- 1 Würfel frische Hefe, 42 g
- 200 ml lauwarmes Wasser
- 1 Prise Zucker
- 300 g Dinkelvollkornmehl
- 250 g Weizenmehl, Type 405
- 1 Messerspitze Ascorbinsäure
- 2 TL Salz
- 100 g Sonnenblumenkerne
- Mehl für die Arbeitsfläche

Das Dinkelschrot über Nacht (12 Stunden) in reichlich Wasser quellen lassen oder mit kochendem Wasser übergießen und 3 bis 4 Stunden quellen lassen.

Die Hefe in das Wasser hineinbröckeln und zusammen mit dem Zucker glatt verrühren. Etwa 10 Minuten gehen lassen.

Inzwischen das gequollene Schrot in einem Haarsieb gut abtropfen lassen. In einer Rührschüssel das Dinkel-, das Weizenmehl, die Ascorbinsäure und das Salz mischen. Das Schrot und das Hefe-Wasser dazugeben und alles 5 Minuten zu einem geschmeidigen Teig verkneten.

Den Teig zu einer Kugel formen, in die Schüssel setzen und mit wenig Wasser bestreichen. Mit einer Plastiktüte umhüllt im 35°C warmen Ofen etwa 30 Minuten gehen lassen.

Den Teig nochmals kurz durchkneten und auf der gut bemehlten Arbeitsfläche zu einem 45 cm großen Quadrat ausrollen.

Die Sonnenblumenkerne gleichmäßig darauf verteilen, dabei auf einer Seite einen 2 cm breiten Rand frei lassen. Von der gegenüberliegenden Seite her fest aufrollen. Das Teigende etwas andrücken und die Rolle mit dem Ende nach unten auf die Arbeitsfläche legen.

Die Rolle mit einem scharfen Messer in etwa 4,5 cm breite Scheiben schneiden.

Die Scheiben mit der Naht nach unten auf ein mit Backpapier belegtes Blech setzen und leicht drücken.

Mit einem feuchten Geschirrtuch abdecken, Folie locker darüber legen und im 35°C warmen Ofen 30 Minuten gehen lassen.

BRÖTCHEN, NICHT NUR ZUM FRÜHSTÜCK

Die Schnecken außerhalb des Ofens zugedeckt stehenlassen, bis der Ofen auf 220°C aufgeheizt ist.

Kochendes Wasser in die mitaufgeheizte Saftpfanne gießen und die Schnecken sofort auf der mittleren Schiene etwa 20 Minuten backen. Auf einem Kuchengitter abkühlen lassen.

Diese Brötchenschnecken werden nicht wie manches süße Gebäck mit der Schnittfläche nach oben gebacken, sondern sozusagen stehend. Durch das leichte Andrücken werden die Windungen beim Backen seitlich leicht herausgedrückt, wodurch auch die Sonnenblumenkerne sichtbar werden.

Wer besonders viele Sonnenblumenkerne wünscht, kann die Oberfläche der Schnecken gleich nach dem Schneiden leicht befeuchten und in Sonnenblumenkerne drücken. Dann wie beschrieben gehen lassen und backen.

Nährwerte pro Stück
Kilokalorien 240, Kilojoule 990, Eiweiß/g 9, Kohlenhydrate/g 36, Fett/g 6, Ballaststoffe/g 5,2

Haubenmuggerl

einfach, braucht Zeit, zum Einfrieren
12 Stück

- 1 Prise Zucker
- 250 ml lauwarmes Wasser
- 1 Würfel frische Hefe, 42 g
- 400 g Weizenmehl, Type 405
- 100 g Roggenvollkornmehl
- 2 TL Salz
- 2 TL getrockneter Oregano
- Koriander, leicht gestoßen
- Schwarzkümmel

Den Zucker in dem Wasser verrühren. Die Hefe hineinbröckeln und auflösen. Etwa 10 Minuten gehen lassen.

Das Weizenmehl, das Roggenvollkornmehl, das Salz und die Petersilie in einer Rührschüssel mischen. Das Hefe-Wasser dazugeben und alles 5 Minuten zu einem geschmeidigen Teig verkneten.

Den Teig zu einer Kugel formen, in die Schüssel setzen und mit wenig Wasser bestreichen. Mit einer Plastiktüte umhüllt im 35°C warmen Ofen etwa 30 Minuten gehen lassen.

Ein Backblech mit einem feuchten Tuch und darüber mit Backpapier belegen.

Den Teig kurz durchkneten und in 12 Portionen von je 65 g teilen. Jeweils zu einer straffen Kugel mit einem Schluß formen. Die glatte Oberfläche mit wenig Wasser befeuchten und in Koriander oder Schwarzkümmel drücken. Mit dem Schluß nach unten auf das Blech setzen.

Für die Haube sofort mit einem leicht geölten Messer 2,5 cm große Quadrate einschneiden. Dazu 1/2 cm unter der Kuppe etwa 1/2 cm tief einschneiden (Foto).

Die Brötchen im 35°C warmen Ofen gut 30 Minuten gehen lassen.

Außerhalb des Ofens mit einem trockenen Geschirrtuch bedeckt etwa 10 Minuten gehen lassen. Den Ofen auf 220°C vorheizen. Das Tuch auf dem Blech vorsichtig herausziehen. Die Hauben eventuell nochmals vorsichtig nachschneiden.

Reichlich kochendes Wasser in die mitaufgeheizte Saftpfanne gießen und die Brötchen sofort auf der mittleren Schiene 20 Minuten backen.

Auf einem Kuchengitter auskühlen lassen.

Nährwerte pro Stück
Kilokalorien 55, Kilojoule 230, Eiweiß/g 2, Kohlenhydrate/g 11, Fett/g 0, Ballaststoffe/g 1,5

Schnelle Leinsamenbrötchen

einfach
9 Stück

- 150 g Weizenvollkornmehl
- 150 g Weizenmehl, Type 405
- 1 1/2 TL Salz
- 3 TL Backpulver
- 2 EL Leinsamensaat
- 200 ml Buttermilch

Den Ofen auf 200°C vorheizen.

In einer Rührschüssel das Weizenvollkornmehl, das Weizenmehl, das Salz, das Backpulver und den Leinsamen mischen. Die Buttermilch dazugießen und alles zu einem glatten Teig verkneten.

Den Teig zu einer 30 cm langen Rolle formen. Die Rolle etwas flachdrücken und die Enden geradedrücken. Die Rolle dann diagonal in 9 Dreiecke schneiden.

Die Brötchen auf ein mit Backpapier belegtes Blech setzen und leicht flachdrücken.

Die Brötchen auf der mittleren Schiene 20 Minuten goldbraun backen.

Da diese Brötchen mit Hilfe von Backpulver aufgehen, muß der Teig nicht gehen. Wer superschnelle Brötchen in 25 Minuten auf den Frühstückstisch bringen will oder unerwartet Gäste bewirten muß, sollte dieses einfache Rezept ausprobieren. Natürlich schmecken sie nicht ganz so gut wie Hefebrötchen, können aber frisch aus dem Ofen durchaus mithalten. Zum Aufheben sind sie allerdings nicht geeignet.

Wer ein bißchen mehr Zeit hat, kann die Brötchen natürlich auch rund oder oval formen.

Nährwerte pro Stück
Kilokalorien 130, Kilojoule 520, Eiweiß/g 5,
Kohlenhydrate/g 23, Fett/g 1, Ballaststoffe/g 3,1

BRÖTCHEN, NICHT NUR ZUM FRÜHSTÜCK

Mandelbrezeln

einfach, zum Einfrieren
10 Stück

- 1 1/2 TL Zucker
- 225 ml lauwarmes Wasser
- 1 Würfel frische Hefe, 42 g
- 100 g gemahlene Mandeln
- 200 g Weizenvollkornmehl
- 200 g Weizenmehl, Type 405
- 2 TL Salz
- 25 g weiche Butter
- Mehl für die Arbeitsfläche
- 30 g gehackte Mandeln

1/2 Teelöffel Zucker in dem Wasser verrühren. Die Hefe hineinbröckeln und auflösen. Etwa 10 Minuten gehen lassen.

Die Mandeln, die beiden Mehlsorten, das Salz und 1 Teelöffel Zucker in einer Rührschüssel mischen. Das Hefe-Wasser und die Butter dazugeben und alles etwa 5 Minuten kneten, bis sich der Teig vom Schüsselrand löst.

Den Teig zu einer Kugel formen, in die Schüssel setzen und mit wenig Wasser bestreichen. Mit einer Plastiktüte umhüllt im 35°C warmen Ofen etwa 30 Minuten gehen lassen.

Den Teig mit der Küchenmaschine 5-6 Umdrehungen kneten, bis er sich wieder vom Schüsselrand löst. Dann auf bemehlter Arbeitsfläche kurz durchkneten und in 10 Portionen von je 80 g teilen.

Jedes Teigstück nach und nach zu einem 40 cm langen Strang rollen, der in der Mitte dick, an den Enden kugelig und dazwischen dünn ist (Foto). Zur Brezel formen, die Enden mit etwas Wasser befeuchten und leicht andrücken. Die Oberfläche vorsichtig auf ein feuchtes Schwammtuch und anschließend in die gehackten Mandeln drücken.

Die Brezeln sofort mit den Mandeln nach oben auf mit Backpapier belegte Bleche setzen, dabei in Form bringen. Mit einem feuchten Geschirrtuch abdecken, Folie locker darüber legen und im 35°C warmen Ofen 25-30 Minuten gehen lassen.

Die Brezeln außerhalb des Ofens mit Tuch und Folie bedeckt weitergehen lassen, bis der Ofen auf 220°C aufgeheizt ist.

Kochendes Wasser in die mitaufgeheizte Saftpfanne gießen und die Brezeln auf der mittleren Schiene etwa 20 Minuten goldbraun backen.

Es empfiehlt sich, diese Brezeln im Umluftherd gleichzeitig auf zwei Blechen zu backen. Die Gehzeit sollte genau eingehalten werden, da zu lange gegangene Brezeln beim Backen eventuell breitlaufen. Wenn Ihr Herd nur mit Ober-Unterhitze ausgestattet ist, sollte das erste Blech mit den geformten Brezeln sofort im Ofen gehen, nach dem Formen der weiteren Brezeln auch das zweite Blech dazukommen. Das 1. Blech sollte nur 25 Minuten gehen, das 2. Blech während der Backzeit in der Küche weitergehen.

Nährwerte pro Stück
Kilokalorien 225, Kilojoule 942, Eiweiß/g 7, Kohlenhydrate/g 27, Fett/g 10, Ballaststoffe/g 4,8

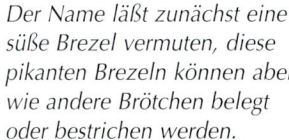

Der Name läßt zunächst eine süße Brezel vermuten, diese pikanten Brezeln können aber wie andere Brötchen belegt oder bestrichen werden.

73

TIPP

Backfrisch schmecken Brötchen am besten, da die Kruste noch rösch ist. Nach einigen Stunden offen im Raum geben sie Feuchtigkeit an die Umgebung ab und werden trocken. Um die Verdunstung des Wassers aus den Backwaren zu verhindern, sollte man die ausgekühlten Brötchen luftdicht verpacken, zum Beispiel in einer Plastiktüte. Sie werden dann zwar weich, können aber bei Bedarf schnell auf dem Aufsatz des Toasters oder im Backofen wieder knusprig aufgebacken werden.

Hafer-Butterbrötchen

einfach, braucht Zeit, zum Einfrieren
14 Stück

- 1/2 TL Zucker
- 1/4 l lauwarme Milch
- 1 Würfel frische Hefe, 42 g
- 100 g zarte Haferflocken
- 400 g Weizenvollkornmehl
- 2 TL Salz
- 1 Messerspitze Ascorbinsäure
- 80 g weiche Butter

Den Zucker in der Milch verrühren. Die Hefe hineinbröckeln und auflösen. Etwa 10 Minuten gehen lassen.

Die Haferflocken, das Weizenvollkornmehl, das Salz und die Ascorbinsäure in einer Rührschüssel mischen. Die Hefe-Milch und die Butter in Flöckchen dazugeben und alles etwa 5 Minuten zu einem geschmeidigen Teig verkneten.

Den Teig zu einer Kugel formen, in die Schüssel setzen und mit wenig Wasser bestreichen. Mit einer Plastiktüte umhüllt im 35°C warmen Ofen 45 Minuten gehen lassen.

Den Teig nochmals durchkneten, dann in 14 Portionen von je 60 g teilen. Jeweils zu einer straffen Kugel mit Schluß formen, diese dann 6 cm lang, oval ausformen.

Die Brötchen mit dem Schluß nach unten auf ein mit Backpapier belegtes Blech setzen.

Die Brötchen mit einem feuchten Geschirrtuch abdecken, Folie locker darüber legen und im 35°C warmen Ofen etwa 30 Minuten gehen lassen.

Außerhalb des Ofens mit Tuch und Folie bedeckt weitergehen lassen, bis der Ofen auf 220°C vorgeheizt ist.

Kochendes Wasser in die mitaufgeheizte Saftpfanne gießen und die Brötchen auf der mittleren Schiene 20 Minuten backen.

Auf einem Kuchengitter auskühlen lassen.

Nährwerte pro Stück
Kilokalorien 160, Kilojoule 670, Eiweiß/g 5, Kohlenhydrate/g 21, Fett/g 6, Ballaststoffe/g 3,0

Brötchen, nicht nur zum Frühstück

T ● I ● P

Die Fladen können aufgeschnitten pikant belegt werden, z.B. mit geräuchertem, dünn geschnittenen Schinken. Am besten schmecken sie zum kalten Abendessen oder zur ausgiebigen Brotzeit mit Bier oder Wein.

Vinschgauer Fladen

einfach, braucht Zeit, zum Einfrieren
6 Stück

- 1 Würfel frische Hefe, 42 g
- 1/4 l lauwarmes Wasser
- 1 Prise Zucker
- 1 Beutel Sauerteig, 150 g
- 500 g Roggenmehl, Type 997
- 150 g Weizenmehl, Type 405
- 1 TL gemahlener Kümmel
- 1 TL Kümmelkörner, grob gestoßen
- 3 TL Salz
- Roggenmehl zum Kneten und Formen

Die Hefe in das Wasser hineinbröckeln und zusammen mit dem Zucker glatt verrühren.

Den Sauerteigbeutel zum Temperieren in warmes Wasser legen.

Inzwischen Roggen-, Weizenmehl, Kümmel und Salz in einer Schüssel vermischen. Das Hefe-Wasser und den Sauerteig dazugeben und alles mit dem Knethaken 5 Minuten verkneten. Den Teig auf die bemehlte Arbeitsfläche stürzen und mit Mehl zu einer Kugel formen. Diese in die Schüssel setzen und mit wenig Wasser bestreichen. Mit einer Plastiktüte umhüllt im 35°C warmen Ofen gut 1 Stunde gehen lassen.

Zwei Bleche mit feuchten Tüchern und darüber mit Backpapier belegen.

Den Teig nochmals auf gut bemehlter Arbeitsfläche durchkneten. In 6 etwa 200 g schwere Portionen teilen. Jedes Stück mit reichlich Mehl schnell zu einer runden Kugel mit lockerem Schluß formen. Mit reichlich Abstand und dem Schluß nach unten auf die Bleche setzen. Mit dem Handballen zu etwa 2 cm dicken Fladen flachdrücken.

Die Fladen im 35°C warmen Ofen 50 Minuten gehen lassen. Dann an einem zugfreien Ort weitergehen lassen, bis der Ofen auf 250°C aufgeheizt ist. Die Tücher unter dem Backpapier herausziehen.

100 ml kochendes Wasser in die mitaufgeheizte Saftpfanne gießen und die Fladen auf der mittleren Schiene 5 Minuten backen. Die Temperatur auf 200°C reduzieren und die Fladen 30 Minuten weiterbacken.

Auf einem Kuchengitter auskühlen lassen.

Nährwerte pro Stück
Kilokalorien 380, Kilojoule 1580, Eiweiß/g 10, Kohlenhydrate/g 80, Fett/g 1, Ballaststoffe/g 8,0

Roggenkränze

einfach, braucht Zeit, zum Einfrieren
11 Stück

- 1 Beutel Sauerteig, 150 g
- 300 g Roggenvollkornmehl
- 200 g Weizenvollkornmehl
- 1 TL gemahlener Kümmel
- 1/2 Päckchen Trockenhefe, 10 g
- 2 TL Salz
- 1 TL Zucker
- 1 Messerspitze Ascorbinsäure
- 300 ml lauwarmes Wasser
- 2 EL Roggenschrot für die Oberfläche

BRÖTCHEN, NICHT NUR ZUM FRÜHSTÜCK

Den Sauerteigbeutel zum Temperieren in warmes Wasser legen.

In einer Rührschüssel Roggen-, Weizenvollkornmehl, Kümmel, Hefe, Salz, Zucker und Ascorbinsäure mischen. Den Sauerteig und das Wasser dazugeben und alles mit den Knethaken der Küchenmaschine 5-6 Minuten zu einem geschmeidigen Teig verkneten.

Den Teig zur Kugel formen, in die Schüssel setzen und mit wenig Wasser bestreichen. Mit einer Plastiktüte umhüllt im 35°C warmen Ofen 45 Minuten gehen lassen.

Den Teig kurz durchkneten. Für jeden Kranz nach und nach zwei Teigstücke mit je 40 g zu zwei 20 cm langen Rollen formen. Die Stränge locker miteinander verdrehen und zum Kreis schließen. Die Enden etwas befeuchten und zusammendrücken.

Die Oberfläche mit wenig Wasser befeuchten und in das Schrot drücken. Die Kränze mit dem Schrot nach oben auf ein mit Backpapier belegtes Blech setzen.

Die restliche Teigkugel sowie die fertigen Kränze während des Formens jeweils mit einem feuchten Tuch abdecken.

Die Kränze mit einem feuchten Geschirrtuch abdecken, Folie locker darüber legen und im 35°C warmen Ofen nochmals etwa 45 Minuten gehen lassen.

Die Kränze außerhalb des Ofens abgedeckt weitergehen lassen, bis der Ofen auf 220°C vorgeheizt ist.

Kochendes Wasser in die mitaufgeheizte Saftpfanne gießen. Die Kränze sofort auf der mittleren Schiene 18 Minuten backen.

Auf einem Kuchengitter auskühlen lassen.

Nährwerte pro Stück
Kilokalorien 170, Kilojoule 700, Eiweiß/g 6, Kohlenhydrate/g 33, Fett/g 1, Ballaststoffe/g 6,8

Die Kränze können wie Brezen aufgeschnitten und mit Butter, Frischkäse oder Streichwurst bestrichen werden. Es passen auch Honig, Marmelade oder Nußnougatcreme.

Holzfällerbrötchen

einfach, braucht Zeit, zum Einfrieren
20 Stück

- 1 Beutel Sauerteig, 150 g
- 1 Prise Zucker
- 300 ml lauwarmes Wasser
- 1 Würfel frische Hefe, 42 g
- 325 g Weizenmehl, Type 405
- 325 g Roggenmehl, Type 997
- 3 TL Salz
- 1 EL getrockneter Majoran
- 2 EL Zuckerrübensirup
- Mehl zum Kneten und Formen
- 1 EL Mohn
- 1 EL Sesamsamen
- 1 EL Kümmel

Den Sauerteig zum Temperieren in warmes Wasser legen.

Den Zucker in 250 ml Wasser verrühren. Die Hefe hineinbröckeln und auflösen. 10 Minuten gehen lassen.

Inzwischen in einer Rührschüssel das Weizenmehl, Roggenmehl, Salz und Majoran mischen. Das Hefe-Wasser, das restliche Wasser, den Sauerteig und den Sirup dazugeben und alles mit den Knethaken der Küchenmaschine 5 Minuten zu einem geschmeidigen Teig verkneten.

Den Teig zu einer Kugel formen, in die Schüssel setzen und mit wenig Wasser bestreichen. Mit einer Plastiktüte umhüllt im 35°C warmen Ofen 30 Minuten gehen lassen.

Den Teig auf bemehlter Arbeitsfläche nochmals durchkneten und in 20 gleich große Stücke teilen. Jeweils mit leicht bemehlten Händen zu einer straffen Kugel mit Schluß formen. Die Oberfläche sofort in einem feuchten Schwammtuch wenden, dann in Mohn, Sesam oder Kümmel drücken.

Die Brötchen in gleichmäßigem Abstand von 1,5 cm mit abwechselndem Aufstreu auf ein mit Backpapier belegtes Blech setzen. Die Brötchen sollen sich nach dem Gehen berühren.

Die Brötchen mit einem feuchten Geschirrtuch abdecken, Folie locker darüber legen und im 35°C warmen Ofen 40 Minuten gehen lassen.

Außerhalb des Ofens nur mit Folie bedeckt gehen lassen, bis der Ofen auf 220°C aufgeheizt ist.

Kochendes Wasser in die Saftpfanne gießen und die Brötchen sofort auf der mittleren Schiene 30 Minuten backen.

Den ganzen Brötchenfladen mit Hilfe des Backpapiers auf ein Kuchengitter heben und auskühlen lassen. Bei Tisch die einzelnen Brötchen abbrechen.

Nährwerte pro Stück
Kilokalorien 130, Kilojoule 540, Eiweiß/g 3,
Kohlenhydrate/g 27, Fett/g 1, Ballaststoffe/g 2,3

Brötchen, nicht nur zum Frühstück

150 ml Milch aufkochen, vom Herd nehmen und die Müslimischung einrühren. Etwa 30 Minuten quellen lassen.

Die restliche Milch lauwarm temperieren, die Hefe hineinbröckeln und mit dem Zucker glatt verrühren. 10 Minuten gehen lassen.

Das Roggenmehl, das Weizenmehl, das Weizenvollkornmehl und das Salz in einer Schüssel mischen. Die Hefe-Milch, den Honig und das gequollene Müsli dazugeben und alles 5 Minuten zu einem geschmeidigen Teig verkneten.

Den Teig zu einer Kugel formen, in die Schüssel setzen und mit wenig Wasser bestreichen. Mit einer Plastiktüte umhüllt im 35°C warmen Ofen etwa 30 Minuten gehen lassen.

Ein Backblech mit einem feuchten Tuch und darüber mit Backpapier belegen.

Den Teig nochmals kurz durchkneten, dann in 12 Portionen von je 70 g teilen. Jeweils zu einer straffen Kugel mit Schluß formen, diese dann oval ausformen.

Alle Brötchen mit dem Schluß nach unten auf das Backblech setzen. Das Eigelb mit einem Teelöffel Wasser verquirlen und alle Brötchen damit dünn bestreichen. Mit einer nassen Schere zickzackförmig einschneiden (siehe Foto).

Im 35°C warmen Ofen 30 Minuten gehen lassen.

An einem zugfreien Ort gehen lassen, bis der Ofen auf 220°C aufgeheizt ist.

Das Tuch unter dem Backpapier herausziehen. Kochendes Wasser in die mitaufgeheizte Saftpfanne gießen und die Brötchen sofort auf der mittleren Schiene etwa 20 Minuten backen.

Auf einem Kuchengitter auskühlen lassen.

Nährwerte pro Stück
Kilokalorien 180, Kilojoule 740, Eiweiß/g 6, Kohlenhydrate/g 32, Fett/g 3, Ballaststoffe/g 3,0

Auch wenn die Brötchen nur wenig gesüßt sind, verlangen Rosinen oder Trockenfrüchte nach einem süßen Aufstrich, wie Marmelade, Honig oder Nußnougatcreme.

Müslibrötchen

einfach, braucht Zeit, zum Einfrieren
12 Stück

- 300 ml Milch
- 150 g ungezuckerte Müslimischung
- 1 Würfel frische Hefe, 42 g
- 1/2 TL Zucker
- 100 g Roggenmehl, Type 1150
- 100 g Weizenmehl, Type 405
- 150 g Weizenvollkornmehl
- 1/2 TL Salz
- 3 EL Honig
- 1 Eigelb zum Bestreichen

Käsestangen

einfach, braucht Zeit, zum Einfrieren
6 Stück

- 1 Würfel frische Hefe, 42 g
- 225 ml lauwarmes Wasser
- 1 Prise Zucker
- 400 g Weizenmehl, Type 405
- 1 1/2 TL Salz
- 2 EL Öl
- 150 g Emmentaler oder anderer Hartkäse

Die Hefe in das Wasser bröckeln, den Zucker dazugeben und alles auflösen. Etwa 10 Minuten gehen lassen.

Das Mehl und das Salz in einer Rührschüssel mischen. Das Hefe-Wasser und das Öl dazugeben und alles mit den Knethaken verkneten, bis sich der Teig vom Schüsselrand löst.

Den Teig zu einer Kugel formen, in die Schüssel setzen und mit wenig Wasser bestreichen. Mit einer Plastiktüte umhüllt im 35°C warmen Ofen etwa 30 Minuten gehen lassen.

Inzwischen den Käse sehr fein reiben.

Den Teig mit den Knethaken nochmals kurz durchkneten, dann in 6 etwa 110 g schwere Stücke teilen.

Jeweils zu einer 20 cm langen Rolle formen, diese mit der Teigrolle zu einem Dreieck (Länge 35 cm, Breite 15 cm) ausrollen (Foto). Dazu an einem Ende mehr in die Breite rollen, am anderen Ende schmal in die Länge rollen. Eventuell mit der Hand in die gewünschte Form ziehen.

Jedes Dreieck dünn mit Käse bestreuen, vom breiten Ende zur Spitze hin fest aufrollen. Mit der Naht nach unten mit reichlich Abstand auf ein mit Backpapier belegtes Blech setzen.

Die Brötchen mit einem feuchten Geschirrtuch abdecken, Folie locker darüber legen und im 35°C warmen Ofen etwa 40 Minuten gehen lassen.

Die Stangen der Länge nach tief einschneiden, so daß die Seiten aufklappen und die Schichten sichtbar werden.

Die Stangen außerhalb des Ofens mit Tuch und Folie bedeckt nochmals 10 Minuten gehen lassen. Inzwischen den Ofen auf 220°C vorheizen.

Kochendes Wasser in die mitaufgeheizte Saftpfanne gießen und die Stangen sofort auf der mittleren Schiene 20 Minuten backen.

Auf einem Kuchengitter auskühlen lassen.

Nährwerte pro Stück
Kilokalorien 360, Kilojoule 1510, Eiweiß/g 15, Kohlenhydrate/g 47, Fett/g 12, Ballaststoffe/g 2,7

BRÖTCHEN, NICHT NUR ZUM FRÜHSTÜCK

Diese Stangen verlangen eigentlich gar nicht nach einem Belag. Einfach abbeißen und genießen, als Zwischenmahlzeit oder zum Abendessen. Wer mag, kann sie aber auch aufschneiden und mit Butter bestreichen oder mit gekochtem Schinken belegen.

Variante: *Zusammen mit dem Käse etwas Paprikapulver aufstreuen.*

Pita-Fladenbrote

einfach, braucht Zeit, zum Einfrieren
12 Fladen

- 1 1/2 Würfel frische Hefe, 63 g
- 2 EL Honig
- 600 ml lauwarmes Wasser
- 750 g Weizenmehl, Type 405
- 1 gestrichener EL Salz
- 2 EL Sesamsaat
- 2 EL Schwarzkümmel
- 1 TL Speisestärke
- 100 ml kaltes Wasser

Die Hefe in eine kleine Schüssel bröckeln und mit dem Honig und 100 ml lauwarmem Wasser verrühren. Die Schüssel zudecken und die Hefemischung an einem warmen Ort 10 Minuten gehen lassen.

450 g Mehl in eine Rührschüssel geben, das Hefe-Wasser und 1/2 Liter lauwarmes Wasser zugießen. 1 Minute lang rühren. Das Salz und weitere 150 g Mehl zugeben und noch einmal 1 Minute rühren. Dann den Teig von Hand mit einem Holzlöffel 1 bis 2 Minuten kräftig schlagen, damit Luft eingearbeitet wird.

Den Teig aus der Schüssel lösen und auf der bemehlten Arbeitsfläche 10 Minuten kneten. Eventuell noch etwas Mehl zugeben. Das Ergebnis soll ein straffer Hefeteig sein. Den Teig zu einer Kugel formen, in die Schüssel setzen und mit einer Plastiktüte umhüllt im 35°C warmen Ofen 1 Stunde auf doppeltes Volumen gehen lassen.

Den Teig wieder auf die bemehlte Arbeitsfläche geben und den Backofen auf 250°C vorheizen.

Den Teig noch einmal durchkneten und in 12 gleiche Portionen teilen. Jedes Teigstück zur Kugel formen und zu einem Fladen mit 12 cm Durchmesser ausrollen.

Sesam und Schwarzkümmel auf je einen flachen Teller streuen.

Die Fladen auf ein feuchtes Schwammtuch drücken und dann in die Samen - 6 in Sesam, 6 in Schwarzkümmel.

2 Backbleche mit Backpapier auslegen. Jeden Fladen von Hand kreisförmig ausziehen, so daß er in der Mitte dünner wird und am Rand einen Wulst bildet. Die Fladen auf das Backpapier legen, mit einem trockenen Tuch zudecken und 10 Minuten gehen lassen. Die Bleche auf den beiden untersten Schienen in den Backofen schieben und 5 Minuten bei 250°C backen. Dann weitere 5 Minuten bei 200°C.

Inzwischen die Stärke mit dem Wasser in einem kleinen Topf glattrühren und einmal aufkochen lassen. Vom Herd nehmen. Die Fladen aus dem Ofen ziehen und mit der Stärke bestreichen. Dann 5 bis 7 Minuten backen, bis sie blaßbraun sind.

Auf einem Kuchengitter auskühlen lassen.

Nährwerte pro Stück
Kilokalorien 230, Kilojoule 970, Eiweiß/g 7, Kohlenhydrate/g 47, Fett/g 1, Ballaststoffe/g 2,7

Pizzateig, Grundrezept

einfach, braucht Zeit

- 500 g Mehl und Mehl zum Verarbeiten
- 1 TL Salz
- 1/4 l lauwarmes Wasser
- 30 g frische Hefe
- 1 Prise Zucker
- 100 ml Olivenöl

Das Mehl mit dem Salz in eine Schüssel sieben und in die Mitte eine Mulde drücken.

100 ml lauwarmes Wasser mit der zerbröckelten Hefe und dem Zucker verrühren. 5 Minuten warmstellen, bis sich Blasen bilden, eventuell im Backofen bei 40°C.

Die aufgelöste Hefe und alle restlichen Zutaten in die Mulde gießen und mit dem Mehl vermischen. Falls Flüssigkeit fehlt, löffelweise lauwarmes Wasser zugeben.

Den Teig, wenn er sich von der Schüssel löst, auf der bemehlten Arbeitsfläche gründlich kneten - 5 bis 10 Minuten.

Die Schüssel mit heißem Wasser auswaschen, trocknen und dünn mit Mehl ausstreuen. Den Teig zur Kugel formen, in die Schüssel legen und die Oberfläche kreuzweise einschneiden, dadurch geht er besser auf. Die Schüssel zugedeckt an einen warmen Ort stellen und den Teig etwa 1 Stunde gehen lassen, er muß mindestens das doppelte Volumen erreichen.

Den aufgegangenen Teig aus der Schüssel lösen und auf der bemehlten Arbeitsfläche nochmals kurz kneten. Dann portionieren und zu Kugeln formen. Jede Kugel mit der Hand zu einer dicken Scheibe flachdrücken und in alle Richtungen zu einer runden Platte ausrollen. Wenn der Teig noch ungefähr 0,5 cm dick ist, die Platte über die bemehlten Handrücken legen und von der Mitte zu den Rändern hin noch etwas ausziehen - wie beim Strudelteig. Der Pizzaboden soll etwa 3 mm hoch sein mit einem etwas dickeren Rand.

Nährwerte insgesamt
Kilokalorien 2760, Kilojoule 11570, Eiweiß/g 57, Kohlenhydrate/g 364, Fett/g 105, Ballaststoffe/g 13,1

Pizza backen: Grundregeln

Backformen: Pizza-Formen oder Tarte-Formen mit glattem Rand von 20 cm Durchmesser, entsprechend große Springformen oder zwei Backbleche.

Pizzateig von 500 g Mehl reicht für 4 Pizze von 20 cm Durchmesser oder für ein großes Backblech. Runde und ovale Pizze können auch ohne Form auf ein Backblech gelegt werden.

Blech oder Form mit Öl bestreichen, den Teig darauf legen und ebenfalls mit Öl bestreichen, besonders die Ränder, die nicht belegt werden.

Olivenöl beim Pizzabacken großzügig verwenden - eine gute "magere" Pizza gibt es nicht!

Der traditionelle Käse für Pizza ist der Mozzarella, der in Scheiben oder Würfel geschnitten wird. Soll zusätzlich Reibkäse verwendet werden, eignen sich junger Pecorino, mittelalter Gouda oder Emmentaler, die alle schmelzen. Parmesan dient nur dem Geschmack, er bräunt, aber schmilzt nicht.

Den Backofen auf 225°C Ober- und Unterhitze vorheizen oder auf 200°C bei Umluft.

Backzeit ca. 20 Minuten. Nach 15 Minuten die Pizza beobachten und eine Garprobe machen.

Jede Pizza sofort servieren und möglichst heiß essen.

Achtung: Damit nichts vom Belag verbrennt oder trocken und unansehnlich wird, müssen, mit wenigen Ausnahmen, alle Zutaten gegart sein oder in Öl angedünstet oder Konserven, in Öl eingelegt.

Gemüse, Fisch und Meeresfrüchte zusätzlich mit Öl bestreichen.

Zarte Kräuter, wie frisches Basilikum, in den Belag drücken, beziehungsweise mit der Tomatensauce betupfen.

Diese Menge reicht für 4 Pizzaformen mit 20 cm Durchmesser oder für 2 große Pizze, ca. 30 cm Durchmesser, die auf dem Blech gebacken werden, oder für 1 großes Backblech.

Pizza pane mit Tomate

einfach, braucht Zeit
2 große Pizze

- Pizzateig von 500 g Mehl nach Grundrezept, Seite 83
- 4 Knoblauchzehen
- 1 EL Olivenöl
- 1 Packung gehackte Tomaten, 400 g
- Salz
- frisch gemahlener schwarzer Pfeffer
- 1/2 Bund frischer Thymian oder 1 EL getrocknete Thymianblättchen

Den Pizzateig zubereiten.
Die Knoblauchzehen abziehen, dicke Zehen der Länge nach halbieren und diagonal in Scheibchen schneiden.
Den Pizzateig halbieren und zu 2 großen, runden Platten ausrollen, Durchmesser etwa 35 cm.
2 Backbleche mit Öl bestreichen und die Teigböden darauf legen. Den Teig ebenfalls mit Öl bestreichen.
Die gehackten Tomaten auf die Pizze verteilen und kräftig mit Salz und Pfeffer würzen. Den Knoblauch und die Thymianblättchen darüber streuen und die Pizze mit Öl beträufeln.
Mit dem Teigrad 6 oder 8 Segmente markieren, aber den Teig nur teilweise durchschneiden.
Die Pizze im vorgeheizten Backofen bei 225°C gut 15 Minuten backen.

Nährwerte pro Stück
Kilokalorien 1470, Kilojoule 6170, Eiweiß/g 30, Kohlenhydrate/g 188, Fett/g 59, Ballaststoffe/g 9,3

BRÖTCHEN, NICHT NUR ZUM FRÜSTÜCK

Pizza pane mit Rosmarin

einfach, braucht Zeit
2 große Pizze

- Pizzateig von 500 g Mehl nach Grundrezept, Seite 83
- 4 Knoblauchzehen
- 2 Zweige frischer Rosmarin oder 2 EL getrocknete Rosmarinnadeln
- 2 EL Olivenöl
- 1 EL grobes Salz

Den Pizzateig zubereiten.

Die Knoblauchzehen abziehen. Wenn sie sehr dick sind, der Länge nach halbieren und diagonal in dünne Scheiben schneiden.

Die Rosmarinnadeln grob hacken.

Den Pizzateig halbieren und zu 2 großen, runden Platten formen, Durchmesser etwa 35 cm.

2 Backbleche mit Öl bestreichen und je 1 Pizza darauf legen. Den Teig großzügig mit Öl bestreichen, mit Knoblauch, Rosmarin und Salz bestreuen.

Auf jeder Pizza mit dem Teigrad 6 oder 8 Segmente markieren, den Teig aber nur teilweise einschneiden. So wird das Pizza pane im ganzen gebacken, läßt sich aber leicht portionsweise zerteilen.

Die beiden Pizze im vorgeheizten Backofen bei 225°C etwa 15 Minuten backen.

Nährwerte pro Stück
Kilokalorien 1510, Kilojoule 6310, Eiweiß/g 29,
Kohlenhydrate/g 185, Fett/g 65, Ballaststoffe/g 6,8

Kleingebä

ck, lustig und lecker

Omas Teebrötchen

einfach, braucht Zeit
20 Stück

- 1 Prise Zucker
- 150 ml lauwarmes Wasser
- 1 Würfel frische Hefe, 42 g
- 550 g Weizenmehl, Type 405
- 1/2 TL Salz
- 1/2 TL Kardamom
- 100 g weiche Butter
- 1 Ei
- 100 g zimmerwarmer Naturjoghurt
- 40 g gehackte, kandierte Früchte
- 40 g Sultaninen
- Mehl für die Arbeitsfläche
- 1 Eigelb zum Bestreichen
- 1 EL Schlagsahne zum Bestreichen

Den Zucker in dem Wasser verrühren. Die Hefe hineinbröckeln und auflösen. Etwa 10 Minuten gehen lassen.

Inzwischen in einer Rührschüssel das Mehl, Salz und Kardamom mischen. Die Butter in Stücken, Ei, Joghurt und das Hefe-Wasser dazugeben und alles etwa 5 Minuten zu einem geschmeidigen, glänzenden Teig verkneten.

Den Teig zu einer Kugel formen und in die Schüssel setzen. Mit einer Plastiktüte umhüllt im 35°C warmen Ofen etwa 1 Stunde gehen lassen.

Die kandierten Früchte und die Sultaninen auf bemehlter Arbeitsfläche in den Teig einkneten. Diesen zu einer Rolle formen und in 20 gleich große Scheiben schneiden.

Jedes Stück zu einer straffen Kugel mit Schluß formen, dann länglich ausformen.

Kleingebäck, lustig und lecker

Die Brötchen auf 2 mit Backpapier belegte Bleche setzen.

Mit einem feuchten Geschirrtuch abdecken, Folie locker darüber legen und im 35°C warmen Ofen etwa 30 Minuten gehen lassen.

Das Eigelb mit der Schlagsahne verquirlen und die Brötchen damit dünn bestreichen. Außerhalb des Ofens an einem zugfreien Ort gehen lassen, bis der Ofen auf 220°C aufgeheizt ist.

Die Bleche mit den Brötchen nacheinander auf der mittleren Schiene etwa 20 Minuten goldgelb backen. Die Brötchen auf einem Kuchengitter auskühlen lassen.

Nährwerte pro Stück
Kilokalorien 160, Kilojoule 650, Eiweiß/g 4, Kohlenhydrate/g 22, Fett/g 6, Ballaststoffe/g 1,2

Möhrenherzen

einfach, braucht Zeit, zum Einfrieren
ca. 20 Stück

- 1/2 Würfel frische Hefe, 21 g
- 150 ml lauwarme Milch
- 1 TL Zucker
- 100 g Möhren
- 150 g Weizenvollkornmehl
- 150 g Weizenmehl, Type 405
- 1 TL Salz
- 1 TL Paprikapulver edelsüß
- 3 EL Öl
- Mehl zum Kneten und Ausrollen
- 2 EL Mohnsamen für die Oberfläche

Die Hefe in die Milch hineinbröckeln und zusammen mit dem Zucker glatt verrühren. Etwa 10 Minuten gehen lassen.

Inzwischen die Möhren schälen und sehr fein und kurz raspeln. Die beiden Mehlsorten, das Salz und das Paprikapulver in einer Rührschüssel mischen.

Das Öl und die Hefe-Milch dazugeben und alles mit dem Knethaken etwa 3 Minuten zu einem geschmeidigen Teig verkneten. Den Teig auf die leicht bemehlte Arbeitsfläche geben und die Möhrenraspeln gründlich unterkneten.

Den Teig zu einer Kugel formen, in die Schüssel setzen und mit wenig Wasser bestreichen. Mit einer Plastiktüte umhüllt im 35°C warmen Ofen etwa 30 Minuten gehen lassen.

Den Teig nochmals kurz durchkneten, dann auf der leicht bemehlten Arbeitsfläche 1 1/2 cm dick ausrollen. Mit einem 5 cm großen Herzausstecher nach und nach etwa 20 Herzen ausstechen. Diese sofort mit der Oberfläche auf ein feuchtes Schwammtuch drücken und dann in den Mohn drücken. Die Herzen mit 2 cm Abstand auf ein mit Backpapier belegtes Blech setzen. Zwischendurch die Teigreste wieder zusammenkneten und ausrollen.

Die Herzen mit einem trockenen Geschirrtuch abdecken, Folie locker darüber legen und im 35°C warmen Ofen 30 Minuten gehen lassen.

Die Herzen außerhalb des Ofens mit Tuch und Folie bedeckt weitergehen lassen, bis der Ofen auf 220°C aufgeheizt ist.

Kochendes Wasser in die mitaufgeheizte Saftpfanne gießen und die Herzen sofort auf der mittleren Schiene gut 15 Minuten backen.

Auf einem Kuchengitter auskühlen lassen.

Hinweis: Die Möhren müssen sehr fein geraspelt werden, damit sie sich gut im Teig verteilen. Wenn sie zu langfasrig sind, stören die Möhrenstücke beim Ausstechen.

Natürlich kann auch jede andere Ausstecherform verwendet werden. Wer anstatt kleiner Partybrötchen lieber größere Brötchen wünscht, kann einen 8 bis 10 cm großen Ausstecher benützen. Die Oberfläche kann alternativ in Kümmel, Sesam oder grobes Salz gedrückt werden.

Nährwerte pro Stück
Kilokalorien 80, Kilojoule 320, Eiweiß/g 2, Kohlenhydrate/g 11, Fett/g 3, Ballaststoffe/g 1,4

Croissants

Teig über Nacht ruhen lassen

einfach, braucht Zeit, zum Einfrieren
18 Stück

- 225 g Weizenmehl, Type 405
- 15 g frische Hefe
- 1/2 TL Salz
- 1 EL Zucker
- 110 g Butter
- 3 EL Milch
- Mehl für die Arbeitsfläche
- 2 EL Schlagsahne

Das Mehl in eine Schüssel sieben und in die Mitte eine Mulde drücken. Die zerbröckelte Hefe in 2 bis 3 Eßlöffel lauwarmem Wasser auflösen, in die Mulde gießen, mit 1/4 des Mehls vermengen und zu einer kleinen Kugel formen. Die Teigkugel kreuzweise einschneiden, in eine große Schüssel legen und mit lauwarmem Wasser bedecken.

Inzwischen das restliche Mehl mit Salz, Zucker, der Hälfte der Butter und der Milch zu einem geschmeidigen Teig verkneten.

Den Teig auf einer bemehlten Arbeitsfläche kneten und schlagen, bis er glatt und elastisch ist.

Wenn die Hefeteigkugel an die Wasseroberfläche gestiegen ist und ihr Volumen verdoppelt hat, die Kugel aus dem Wasser heben, abtropfen lassen und sorgfältig mit dem anderen Teig vermengen. Den Teig zu einer Kugel formen, in eine mit Mehl bestäubte Schüssel legen und zugedeckt an einem kühlen Ort über Nacht ruhen lassen.

Den Teig auf einer bemehlten Arbeitsfläche zu einem Rechteck ausrollen. Die restliche Butter zu einer flachen Platte formen und in die Mitte des Teigs legen. 1/3 des Teigs über die Butter falten und den Rest so darüberschlagen, daß der Teig in 3 Schichten übereinander liegt. Das Teigpaket um 90° drehen, in Richtung der offenen Ränder ausrollen, wie zuvor falten, umdrehen und nochmals ausrollen. Den Teig wieder falten, in ein Tuch wickeln und 15 Minuten kühl ruhen lassen. Ausrollen und wie zuvor zusammenfalten. Diesen Vorgang noch zweimal wiederholen.

Den Teig zu einem etwa 3 mm dicken Rechteck ausrollen, der Länge nach teilen und jeden Streifen in Dreiecke schneiden. Die Dreiecke vom breiten Ende her aufrollen, zu Hörnchen biegen und auf ein bemehltes Backblech legen. Die Hörnchen mit der Schlagsahne bestreichen und im vorgeheizten Backofen bei 220°C 5 Minuten backen. Dann die Hitze auf 200°C reduzieren und weitere 10 Minuten goldbraun backen.

Die fertigen Croissants auf einem Kuchengitter auskühlen lassen.

Nährwerte pro Stück
Kilokalorien 100, Kilojoule 430, Eiweiß/g 2, Kohlenhydrate/g 10, Fett/g 6, Ballaststoffe/g 0,3

Kleingebäck, lustig und lecker

Preßburger Hufeisen

einfach, braucht Zeit
32 Stück

Teig
- 15 g frische Hefe
- 200 ml Milch
- 60 g Zucker
- 250 g Butter
- 500 g Weizenmehl, Type 405
- 1 Prise Salz
- 1 Prise Zimt
- abgeriebene Schale von 1 unbehandelten Zitrone
- 1 Ei

Nußfüllung
- 50 ml Milch
- 50 g Zucker
- 100 g gemahlene Walnüsse
- 30 g Rosinen

Mohnfüllung
- 50 ml Milch
- 30 g Zucker
- 1 EL Honig
- 100 g gemahlener Mohn

Die Hefe in 3 Eßlöffel lauwarmer Milch und mit der Hälfte des Zuckers verrühren und zugedeckt an einem warmen Ort 10 Minuten gehen lassen.

Die Butter in Würfel schneiden und mit dem Mehl, dem restlichen Zucker, dem Salz, dem Zimt, der Zitronenschale, der Hefe-Milch und so viel lauwarmer Milch verarbeiten, bis ein elastischer Teig entstanden ist.

Den Teig auf der bemehlten Arbeitsfläche so lange kneten, bis er sich von der Hand löst. Eine Kugel formen, mit Frischhaltefolie einwickeln und mindestens 30 Minuten ruhen lassen.

Für die Füllungen inzwischen jeweils die Milch mit dem Zucker aufkochen und einmal die gemahlenen Nüsse damit überbrühen, die Rosinen zugeben und alles gut vermischen. Für die Mohnfüllung in der Zuckermilch den Honig auflösen und den gemahlenen Mohn damit begießen. Beide Füllungen abkühlen lassen.

Den Teig in 4 Portionen teilen. Jedes Teigstück zu einem Ball formen, flachdrücken und zu einer dünnen, runden Platte ausrollen. Die Platte in 8 Segmente teilen und etwas kalte Füllung daraufgeben. Den Teigrand in der Mitte 2 cm tief einschneiden und über die Füllung legen (siehe Abb.). Jedes Teigsegment zu einem Hörnchen-Hufeisen aufrollen und biegen.

Auf ein mit Backpapier belegtes Backblech setzen. Viel Abstand zwischen den Hufeisen lassen, da sie beim Backen stark aufgehen.

Das Ei verschlagen und mit der Hälfte davon die Hufeisen bestreichen. An einem warmen Ort ca. 30 Minuten aufgehen lassen. Nochmals mit dem restlichen Ei bestreichen.

Im vorgeheizten Backofen bei 200°C 30 bis 35 Minuten goldbraun backen.

Auf einem Kuchengitter auskühlen lassen.

Nährwerte pro Stück
Kilokalorien 160, Kilojoule 670, Eiweiß/g 3, Kohlenhydrate/g 17, Fett/g 8, Ballaststoffe/g 0,7

Bagels haben ihren Ursprung in New York, werden aber heute in ganz Amerika gerne zum Frühstück oder Brunch gegessen. Ihren typischen Geschmack bekommen sie durch das kurze Garen in Wasser, dadurch entsteht eine zarte, weiche Haut. Klassisch werden sie mit Frischkäse bestrichen oder mit Räuerlachs belegt. Natürlich passen auch Marmelade, Honig oder zart geräucherter Schinken.

Amerikanische Ringe (Bagels)

einfach, braucht Zeit, zum Einfrieren
17 Stück

- 40 g Butter
- 1 EL Zucker
- 200 ml lauwarme Milch
- 1 Würfel frische Hefe, 42 g
- 400 g Weizenmehl, Type 405
- 1 1/2 TL Salz
- 1 Ei, getrennt

Die Butter schmelzen und handwarm abkühlen lassen.

Inzwischen den Zucker in der Milch verrühren, die Hefe hineinbröckeln und auflösen. Etwa 10 Minuten gehen lassen.

In einer Rührschüssel das Mehl mit dem Salz mischen. Das Eiweiß, die Butter und die Hefe-Milch dazugeben und alles 5 Minuten zu einem geschmeidigen Teig verkneten. Den Teig zu einer Kugel formen, in die Schüssel setzen und mit wenig Wasser bestreichen. Mit einer Plastiktüte umhüllt im 35°C warmen Ofen 45 Minuten gehen lassen.

Den Teig nochmals kurz durchkneten, dann in 17 Portionen von etwa 40 g teilen. Jedes Teigstück zu einer straffen Kugel mit Schluß formen, diese in der Mitte mit dem Finger durchbohren. Den Ring auf der Arbeitsfläche oder in der Luft um den Zeigefinger kreisen lassen, bis das Loch einen Durchmesser von etwa 3 cm hat. Ungleichmäßige, dicke Stellen eventuell etwas ziehen.

Die Ringe sofort auf zwei mit Backpapier belegte Bleche setzen.

Nach dem Formen von etwa der Hälfte der Ringe reichlich Wasser in einem Topf zum Kochen bringen.

3 oder 4 zu Beginn geformte Ringe eventuell etwas in Form drücken und vorsichtig in das kochende Wasser gleiten lassen. Im offenen Topf 1 Minute garen. Mit einer Schaumkelle herausheben, gut abtropfen lassen und auf ein trockenes Geschirrtuch legen. Auf die gleiche Weise nach und nach die restlichen Ringe kochen.

Zwischendurch bereits gut abgetropfte Ringe auf die Bleche setzen.

Kleingebäck, lustig und lecker

Den Backofen auf 200°C vorheizen.
Das Eigelb mit 2 Eßlöffel Wasser verquirlen und die Ringe damit bestreichen. Auf der mittleren Schiene etwa 25 Minuten goldbraun backen.
Auf einem Kuchengitter auskühlen lassen.

Nährwerte pro Stück
Kilokalorien 110, Kilojoule 480, Eiweiß/g 3,
Kohlenhydrate/g 18, Fett/g 3, Ballaststoffe/g 0,9

Käseknusperlis

einfach, braucht Zeit, zum Einfrieren
20 Stück

- 100 g Emmentaler
- 200 g Weizenmehl, Type 405
- 2 TL Backpulver
- 1/2 TL Salz
- 1 TL Kümmel
- 50 g kalte Butter
- 125 g Dickmilch

Den Käse sehr fein reiben.
In einer Rührschüssel das Mehl, das Backpulver, das Salz und den Kümmel mischen. Die Butter in Stücken dazugeben und alles mit den Quirlen des Handrührgeräts krümelig rühren. Die Dickmilch und den Käse dazugeben und zu einem glatten Teig verkneten.
Den Ofen auf 220°C vorheizen.
Den Teig zu einer Rolle formen und in 10 gleich große Scheiben schneiden. Diese zu Kugeln formen und auf ein mit Backpapier belegtes Blech setzen.
Auf der mittleren Schiene etwa 15 Minuten backen. Das Blech aus dem Ofen nehmen, die Brötchen darauf 5 Minuten abkühlen lassen, dann mit einer Gabel in Ober- und Unterteil trennen (nicht schneiden).
Mit den Schnittflächen nach oben wieder auf das Blech legen und 10 Minuten weiterbacken. Dann die Knusperlis im ausgeschalteten Ofen etwa 1 Stunde trocknen lassen.

Nährwerte pro Stück
Kilokalorien 80, Kilojoule 320, Eiweiß/g 3,
Kohlenhydrate/g 7, Fett/g 4, Ballaststoffe/g 0,4

TIP

In dicht schließenden Dosen aufbewahrt, bleiben die Knusperlis etwa 2 Wochen frisch.
Sie passen zum Knabbern für zwischendurch, auf Partys oder Spieleabenden.

Kartoffeltörtchen

einfach, braucht Zeit, zum Einfrieren
12 Stück

- 1/2 Würfel frische Hefe, 21 g
- 100 ml lauwarmes Wasser
- 1 Prise Zucker
- 250 g Weizenvollkornmehl
- 1 TL Salz
- 1 TL getrockneter Majoran
- 150 g gekochte, geschälte Kartoffeln
- Mehl zum Kneten und Formen
- 80 g gekochter Schinken in dünnen Scheiben
- 50 g geschälte Kürbiskerne
- 1 Eigelb

Außerdem
- 36 Papierbackförmchen

Die Hefe in das Wasser hineinbröckeln und mit dem Zucker glatt verrühren. Etwa 10 Minuten gehen lassen.

Inzwischen in einer Rührschüssel das Mehl, das Salz und den Majoran mischen. Die Kartoffeln durch eine Presse drücken und zum Mehl geben.

Das Hefe-Wasser dazugeben und alles mit dem Knethaken der Küchenmaschine zu einem geschmeidigen Teig verkneten.

Eventuell mit etwas Mehl zu einer Kugel formen, in die Schüssel setzen und mit wenig Wasser bestreichen. Mit einer Plastiktüte umhüllt im 35°C warmen Ofen 30 Minuten gehen lassen.

Inzwischen vom Schinken eventuell den Fettrand entfernen, dann die Scheiben in sehr kleine Quadrate schneiden. Von den Kürbiskernen 1 Eßlöffel zum Bestreuen beiseite legen, den Rest grob hacken. Jeweils 3 Papierbackförmchen zur besseren Stabilität ineinanderstellen und auf einem Blech verteilen.

Den Teig auf der bemehlten Arbeitsfläche kurz durchkneten, den Schinken und die gehackten Kürbiskerne dazugeben und alles gleichmäßig einarbeiten.

Den Teig zur Rolle formen und in 12 je 40 g schwere Scheiben schneiden. Jede Scheibe mit bemehlten Händen zu einer Kugel formen und in die Förmchen setzen.

Das Eigelb mit 1 Eßlöffel Wasser verquirlen, die Teigoberfläche damit bestreichen. Die Kürbiskerne darauf verteilen und leicht andrücken.

Die Törtchen im 35°C warmen Ofen 15 Minuten gehen lassen.

Außerhalb des Ofens an einem zugfreien Ort weitergehen lassen, bis der Ofen auf 200°C aufgeheizt ist.

Kleingebäck, lustig und lecker

Die Törtchen auf der mittleren Schiene 18 Minuten goldbraun backen, dann die beiden äußeren Förmchen abnehmen und die Törtchen weitere 10 Minuten backen. In den Förmchen auf einem Kuchengitter auskühlen lassen.

Nährwerte pro Stück
Kilokalorien 110, Kilojoule 450, Eiweiß/g 5,
Kohlenhydrate/g 15, Fett/g 3, Ballaststoffe/g 2,7

Frischkäse-brötchen

einfach, braucht Zeit
15 Stück

- 200 g Weizenvollkornmehl
- 10 g Trockenhefe
- 1 TL Zucker
- 200 ml lauwarmes Wasser
- 250 g Weizenmehl, Type 405
- 150 g Magerquark
- 40 g weiche Butter
- 1 Ei
- 1 1/2 TL Salz
- 2 TL Paprikapulver edelsüß
- Mehl für die Arbeitsfläche und zum Kneten
- 1 Bund gemischte Kräuter
- 300 g Doppelrahmfrischkäse

Das Weizenvollkornmehl, die Hefe und den Zucker in einer Rührschüssel mischen. Das Wasser dazugießen und alles zu einem weichen Vorteig verrühren. Mit einer Plastiktüte umhüllt im 35°C warmen Ofen etwa 20 Minuten gehen lassen.

Das Weizenmehl, den Quark, die Butter in Flöckchen, das Ei, das Salz und das Paprikapulver dazugeben und alles 5 Minuten zu einem geschmeidigen Teig verkneten. Auf bemehlter Arbeitsfläche zu einer Kugel formen und in die Schüssel setzen. Mit einer Plastiktüte umhüllt im 35°C warmen Ofen etwa 20 Minuten gehen lassen.

Inzwischen die Kräuter waschen, trockenschütteln und fein hacken. Den Frischkäse in eine kleine Schüssel geben und die Kräuter gleichmäßig unterrühren.

Den Teig auf bemehlter Arbeitsfläche kurz durchkneten und in 15 Portionen von etwa 60 g teilen. Jeweils zu einer straffen Kugel mit Schluß formen. Mit dem Schluß nach unten und reichlich Abstand auf zwei mit Backpapier belegte Bleche setzen.

Wenn alle Brötchen geformt sind, diese mit einem scharfen, feuchten Messer senkrecht kreuzweise 2 cm tief einschneiden. Die entstehenden Spitzen etwas nach außen drücken, so daß in der Mitte Platz für die Füllung entsteht.

Vom Frischkäse walnußgroße Stücke abstechen und in die Mitte der Brötchen setzen. Im 35°C warmen Ofen 20 Minuten gehen lassen.

Die Bleche aus dem Ofen nehmen und an einem zugfreien Ort gehen lassen, bis der Ofen auf 200°C aufgeheizt ist.

Kurz vor dem Backen die Füllung mit dem Rücken eines Eßlöffels leicht in die Brötchen hineindrücken.

100 ml kochendes Wasser in die mitaufgeheizte Saftpfanne gießen und die Brötchen auf der mittleren Schiene etwa 20 Minuten goldbraun backen. Auf einem Kuchengitter auskühlen lassen.

Hinweis: Die Brötchen am besten gleichzeitig im Umluftherd backen. Bei Verwendung von Ober- und Unterhitze sollten zunächst nur die Brötchen für ein Blech geformt werden und gehen. Die Brötchen für das 2. Blech etwas später formen und während der Backzeit des 1. Blechs in der Nähe des Ofens gehen lassen.

Nährwerte pro Stück
Kilokalorien 200, Kilojoule 840, Eiweiß/g 7, Kohlenhydrate/g 21, Fett/g 9, Ballaststoffe/g 2,1

KLEINGEBÄCK, LUSTIG UND LECKER

Knoblauch-brezeln

einfach, braucht Zeit, zum Einfrieren
20 Stück

- 200 g Weizenmehl, Type 405
- 1 Päckchen Trockenhefe
- 1 TL Salz
- 1 EL weiche Butter
- 3 Knoblauchzehen
- 100 ml Schlagsahne
- 2 EL grobes Salz für die Oberfläche

In einer Rührschüssel das Mehl, die Hefe und das Salz mischen. Die Butter in Stücken darüber geben. Den Knoblauch schälen und durch die Presse zum Mehl drücken. Die Schlagsahne dazugießen und alles 5 Minuten zu einem geschmeidigen Teig verkneten.

Den Teig zu einer Kugel formen, in die Schüssel setzen und mit wenig Wasser bestreichen. Mit einer Plastiktüte umhüllt im 35°C warmen Ofen etwa 45 Minuten gehen lassen.

Den Teig nochmals kurz durchkneten, dann in 20 Portionen von je 15 g teilen. Jedes Stück zu einem 20 cm langen Strang rollen, der in der Mitte dick ist und zu den Enden zu dünner wird. Den Strang zur Brezel formen, die Enden mit etwas Wasser befeuchten und leicht andrücken.

Die Oberfläche vorsichtig in ein feuchtes Schwammtuch und anschließend in das Salz drücken. Die Salzkörner teilweise wieder abbröseln.

Die Brezeln mit dem Salz nach oben auf ein mit Backpapier belegtes Blech setzen, dabei in Form drücken. Mit einem trockenen Geschirrtuch abdecken, Folie locker darüber legen und im 35°C warmen Ofen etwa 20 Minuten gehen lassen.

Die Brezeln außerhalb des Ofens mit Tuch und Folie bedeckt weitergehen lassen, bis der Ofen auf 200°C aufgeheizt ist.

Kochendes Wasser in die mitaufgeheizte Saftpfanne gießen und die Brezeln sofort auf der mittleren Schiene in 10 bis 12 Minuten goldbraun backen.

Nährwerte pro Stück
Kilokalorien 60, Kilojoule 230, Eiweiß/g 1, Kohlenhydrate/g 7, Fett/g 2, Ballaststoffe/g 0,4

Ein lustiger Knabberspaß anstatt Chips, Salzstangen oder Erdnußflips.

Variante:
Für Currybrezeln anstatt Knoblauch 1 bis 2 Teelöffel Currypulver verwenden und 4 Eßlöffel Schlagsahne zugeben.

Roggen-Rahmflecken

einfach, braucht Zeit
30 Stück

Teig
- 1 Würfel frische Hefe, 42 g
- 300 ml lauwarmes Wasser
- 1 Prise Zucker
- 1 Beutel Sauerteig, 150 g
- 500 g Roggenmehl, Type 997
- 2 TL Salz
- 1/2 TL grob gemahlener Pfeffer
- 1/2 TL gemahlener Kardamom
- Mehl zum Kneten und Ausrollen

Belag
- 250 g durchwachsener Frühstücksspeck in 0,5 cm dicken Scheiben
- 400 g Schmant, ersatzweise saure Sahne
- Salz
- Paprikapulver edelsüß
- 1 Bund Schnittlauch

Die Hefe in das Wasser hineinbröckeln und zusammen mit dem Zucker glatt verrühren. Zugedeckt 10 Minuten gehen lassen.

Den Sauerteigbeutel zum Temperieren in warmes Wasser legen.

Inzwischen das Roggenmehl, das Salz, den Pfeffer und den Kardamom in einer Schüssel mischen. Das Hefe-Wasser und den Sauerteig dazugeben und alles etwa 5 Minuten verkneten, bis sich der Teig vom Schüsselrand löst.

Den Teig zu einer Kugel formen, in die Schüssel setzen und mit wenig Wasser bestreichen. Mit einer Plastiktüte umhüllt im 35°C warmen Ofen 1 Stunde gehen lassen.

Den Teig auf bemehlter Arbeitsfläche kräftig durchkneten und in 30 Portionen von je 30 g teilen. Jedes Stück mit dem Handballen zu unregelmäßigen Kreisen mit 7 cm Länge flachdrücken.

Die Flecken auf mit Backpapier belegte Bleche heben und im 35°C warmen Ofen 30 Minuten gehen lassen.

Inzwischen für den Belag den Speck fein würfeln. Den Schmant mit etwas Salz und Paprika abschmecken. Den Schnittlauch in feine Röllchen schneiden.

Den Ofen auf 250°C vorheizen.

Die Fladen mit etwas Schmant bestreichen, dabei rundherum einen 1/2 cm breiten Rand frei lassen. Den Speck und den Schnittlauch darauf verteilen.

Kleingebäck, lustig und lecker

Tipp

Ein idealer Snack auf kleinen oder großen Partys. Fertige Flecken können Sie auch etwa 2 Minuten bei 200°C im Ofen erwärmen.

Im Umluftherd lassen sich alle Flecken gleichzeitig backen, bei Ober-Unterhitze müssen die Bleche nacheinander gebacken werden. Im letzten Fall können die übrigen Teigflecken einfach mit einem trockenen Geschirrtuch abgeckt werden und kurz vor dem Backen belegt werden.

Die Fladen auf der untersten Schiene 10 bis 12 Minuten backen.

Die Rahmflecken entweder sofort warm servieren oder auf einem Kuchengitter auskühlen lassen und kalt verzehren.

Nährwerte pro Stück
Kilokalorien 300, Kilojoule 1240, Eiweiß/g 5,
Kohlenhydrate/g 28, Fett/g 19, Ballaststoffe/g 2,9

Maiskräcker

einfach, braucht Zeit, zum Einfrieren
32 Stück

- 75 g Butterschmalz
- 1/2 Würfel frische Hefe, 21 g
- 200 ml lauwarmes Wasser
- 1 Prise Zucker
- 1/2 TL Hirschhornsalz
- 150 g Maisgrieß (Polenta)
- 300 g Weizenmehl, Type 405
- 1 TL gemahlener Koriander
- 1 TL Salz
- 1 Eigelb
- 1 EL Mohnsamen
- 1 EL Sesamsaat

Das Butterschmalz in einem kleinen Topf oder der Mikrowelle schmelzen und handwarm abkühlen lassen.

Die Hefe in 150 ml Wasser hineinbrökkeln und zusammen mit dem Zucker verrühren. Etwa 10 Minuten gehen lassen, bis sich Schaum auf der Oberfläche gebildet hat.

Das Hirschhornsalz in dem restlichen Wasser auflösen. In einer Rührschüssel den Maisgrieß, das Weizenmehl, den Koriander und das Salz mischen. Das Hefe-Wasser, das Butterschmalz und das aufgelöste Hirschhornsalz dazugeben und alles etwa 5 Minuten zu einem geschmeidigen Teig verkneten.

Den Teig zu einer Kugel formen, in die Schüssel setzen und mit wenig Wasser

bestreichen. Mit einer Plastiktüte umhüllt im 35°C warmen Ofen 45 Minuten gehen lassen.

Den Backofen auf 220°C vorheizen. Das Eigelb mit 3 Eßlöffel Wasser verquirlen.

Den Teig kurz durchkneten und in 2 Portionen teilen. Jedes Stück auf ein Blatt Backpapier legen, dünn in Blechgröße ausrollen und samt dem Papier auf sein Blech

KLEINGEBÄCK, LUSTIG UND LECKER

legen. Mit einer Gabel mehrfach einstechen.

Die Teigplatten mit Ei bestreichen und etwas Mohn und Sesam aufstreuen. Mit einem scharfen Messer in etwa 10x12 cm große Rechtecke schneiden.

Die Teigplatten nacheinander auf der mittleren Schiene etwa 15 Minuten backen. Nach Ende der Backzeit des 2. Blechs das 1. Blech wieder in den Ofen schieben und alle Knäckebrote im ausgeschalteten Ofen trocknen lassen.

Im Umluftbackofen können natürlich beide Bleche gleichzeitig gebacken und sofort getrocknet werden.

Nährwerte pro Stück
Kilokalorien 70, Kilojoule 300, Eiweiß/g 2,
Kohlenhydrate/g 10, Fett/g 3, Ballaststoffe/g 0,6

Vollkorn-Knäckeringe

einfach, braucht Zeit, zum Einfrieren
30 Stück

- 20 g Butterschmalz
- 225 ml lauwarmes Wasser
- 1/2 Würfel frische Hefe, 21 g
- 1 Prise Zucker
- 1 TL Hirschhornsalz
- 250 g Roggenvollkornmehl
- 100 g Weizenvollkornmehl
- 1 TL Salz
- Mehl für die Arbeitsfläche

Das Butterschmalz in der Mikrowelle oder einem kleinen Topf schmelzen und handwarm abkühlen lassen.

Die Hefe in 200 ml Wasser hineinbröckeln und zusammen mit dem Zucker glatt verrühren. 10 Minuten gehen lassen.

Inzwischen das Hirschhornsalz im restlichen Wasser auflösen. In einer Rührschüssel das Roggen-, das Weizenvollkornmehl und das Salz mischen. Das Hefe-Wasser, das Butterschmalz und das aufgelöste Hirschhornsalz dazugeben und alles 3 Minuten zu einem geschmeidigen Teig verkneten. Den Teig zu einer Kugel formen, in die Schüssel setzen und mit wenig Wasser bestreichen. Mit einer Plastiktüte umhüllt im 35°C warmen Ofen etwa 1 1/2 Stunden gehen lassen.

Den Ofen auf 220°C vorheizen.

Den Teig nochmals kurz durchkneten, dann in 30 Portionen von je 20 g teilen. Jedes Stück auf der gut bemehlten Arbeitsfläche etwas flachdrücken, dann zu einem 12 cm großen, unregelmäßigen Kreis ausrollen. Dabei den Teigfladen mehrfach drehen, damit er nicht festklebt.

Die Fladen nach und nach auf mit Backpapier belegte Bleche heben, in der Mitte einen etwa 2 cm großen Kreis ausstechen und die Oberfläche mit einer Gabel in dichten Abständen einstechen.

Die Bleche mit den Knäckeringen jeweils etwa 10 Minuten backen. Inzwischen die nächsten Ringe ausrollen.

Die gebackenen Knäckeringe auf einem Kuchengitter auskühlen lassen.

Nährwerte pro Stück
Kilokalorien 40, Kilojoule 170, Eiweiß/g 1, Kohlenhydrate/g 7, Fett/g 1, Ballaststoffe/g 1,5

Kleingebäck, lustig und lecker

Wie alle Knäckebrote lassen sich diese Ringe einige Wochen aufbewahren. Damit sie keine Feuchtigkeit ziehen können, sollten sie sofort nach dem Auskühlen in luftdicht schließenden Dosen verpackt werden.

Wer Knäckebrot mit dem Begriff langweilige Diät in Verbindung bringt, sollte sich mit diesen Ringen vom Gegenteil überzeugen lassen. An diesem lustigen Knabberspaß hat sicher die ganze Familie ihre Freude. Das Knäcke kann zwischendurch ohne Beilage geknuspert werden oder es kann dünn mit Butter oder Frischkäse bestrichen werden. Auch kleine Käsewürfel und Trauben schmecken ausgezeichnet dazu.

Das Brot zum Fest

*Die Männer, siehe Kapitelanfang, sind besonders attraktiv für einen hübsch gedeckten Ostertisch. Das fertig gekochte Osterei ist gleich inklusive.
Aus dem Teig können auch nur 8 Männer gebacken werden. Die Sultaninen für den Fladen entfallen dann, aber es werden 16 Sultaninen für die Augen benötigt.*

Osterfladen und Ostermänner

braucht Zeit
1 Fladen und 2 Männer

- 1 Würfel frische Hefe, 42 g
- 200 ml lauwarme Milch
- 500 g Weizenmehl, Type 405
- 100 g weiche Butter
- 1 Ei
- 1 Eigelb
- abgeriebene Schale von 1 unbehandelten Zitrone
- 1 Prise Salz
- 75 g Zucker
- 75 g Sultaninen

Zum Verzieren
- 2 Eier
- eventuell Eierfarbe zum Kaltfärben
- 4 Sultaninen
- 1 Eigelb

Die Hefe in die Milch hineinbröckeln, auflösen und zugedeckt an einem warmen Ort etwa 10 Minuten gehen lassen.

Das Mehl, Butter, Ei, Eigelb, Zitronenschale und den Zucker in eine Rührschüssel geben. Die Hefe-Milch dazugießen und alles zu einem geschmeidigen Teig verkneten. Den Teig zur Kugel formen und zugedeckt an einem warmen Ort 45 Minuten gehen lassen.

Inzwischen die rohen Eier nach Packungsanleitung färben, trocknen lassen und jeweils am dicken Ende anstechen.

Den Teig nochmals kräftig durchkneten. 1/4 des Teigs für die Männer beiseite legen. In den restlichen Teig die Sultaninen einkneten, den Teig zu einer Kugel formen und auf ein mit Backpapier belegtes Backblech setzen (Platz für die Männer lassen). Zugedeckt nochmals etwa 15 Minuten gehen lassen.

Inzwischen für die Männer den Teig halbieren. Aus jeder Hälfte eine etwa 15 cm lange Rolle formen und diese etwas flachdrücken. Jeweils an einem Ende für die Beine etwa 5 cm tief einschneiden. Für die Arme an den Seiten 3 cm tief einschneiden und die Zipfel zwischen den Fingern etwas länger rollen. Das obere Ende zum Kopf formen, die Sultaninen als Augen eindrücken.

Das Brot zum Fest

Die Männer neben den Fladen setzen, jeweils 1 Ei leicht in den Bauch drücken und die Arme unten herum schließen. Fladen und Männer nochmals zugedeckt 15 Minuten gehen lassen.

Den Backofen auf 175°C vorheizen.

Das Ei verquirlen, den Fladen und die Männer damit bestreichen. Den Fladen mit einem sehr scharfen Messer gitterförmig 1 cm tief einschneiden. Sultaninen, die weit aus dem Teig herausspitzen, entfernen, da sie beim Backen verbrennen. Alles auf der mittleren Schiene 15 Minuten backen. Die Männer aus dem Ofen nehmen und den Fladen noch 30 Minuten weiterbacken.

Nährwerte 1 Fladen
Kilokalorien 2500, Kilojoule 10450, Eiweiß/g 57, Kohlenhydrate/g 367, Fett/g 86, Ballaststoffe/g 18,0

Nährwerte pro Männchen
Kilokalorien 470, Kilojoule 1980, Eiweiß/g 57, Kohlenhydrate/g 367, Fett/g 86, Ballaststoffe/g 18,0

Osternester

braucht Zeit
4 Nester

- 1 Würfel frische Hefe, 42 g
- 200 ml lauwarme Milch
- 75 g Zucker
- 500 g Weizenmehl, Type 405
- 100 g weiche Butter
- 1 Ei
- 1 Eigelb
- abgeriebene Schale von 1 unbehandelten Zitrone
- 1 Prise Salz
- 75 g Sultaninen

Zum Verzieren
- 4 Eier
- eventuell Eierfarbe zum Kaltfärben
- 1 Eigelb

Die Hefe in die Milch bröckeln, mit 1/2 Teelöffel Zucker verrühren und zugedeckt an einem warmen Ort 10 Minuten gehen lassen.

Das Mehl, Butter, Ei, Eigelb, Zitronenschale und den restlichen Zucker in eine Rührschüssel geben. Die Hefe-Milch dazugießen und alles zu einem geschmeidigen Teig verkneten. Den Teig zur Kugel formen, zurück in die Schüssel legen und in eine Plastiktüte gehüllt an einem warmen Ort etwa 45 Minuten gehen lassen.

Inzwischen die rohen Eier nach Packungsanleitung färben, trocknen lassen und jeweils am dicken Ende anstechen.

Den Teig kräftig durchkneten und dabei die Sultaninen einarbeiten. Zu einer Rolle formen und in 8 Portionen teilen. Jedes Teigstück zu einem 30 cm langen Strang rollen und ziehen. Jeweils 2 Stränge für 1 Nest verwenden und wie eine Kordel eng umeinanderdrehen. Die Enden mit wenig Wasser befeuchten und ineinanderdrücken.

Ein Backblech mit Backpapier belegen. Die Nester daraufsetzen und jeweils in die Mitte ein gefärbtes Ei stecken. Die Nester zugedeckt 15 Minuten gehen lassen.

Inzwischen den Backofen auf 175°C vorheizen. Das Eigelb mit 1 Teelöffel Wasser verquirlen und den Teig dünn damit bestreichen. Die gefärbten Eierschalen freihalten!

Die Osternester auf der mittleren Schiene etwa 20 Minuten backen, danach auf einem Kuchengitter auskühlen lassen.

Nährwerte pro Nest
Kilokalorien 940, Kilojoule 3960, Eiweiß/g 114, Kohlenhydrate/g 734, Fett/g 172, Ballaststoffe/g 36,0

Kulitsch – Russischer Osterkuchen

einfach, braucht Zeit
16 Stück

Teig
- 250 g Schlagsahne
- 30 g frische Hefe
- 600 g Weizenmehl, Type 405
- 100 g Rosinen
- 50 g gemischte, kandierte Früchte
- 150 g weiche Butter
- 7 Eigelb
- 120 g Zucker
- 1 Prise Salz
- 1 g Safran
- 1 Messerspitze geriebene Muskatnuß
- 10 Kardamomsamen
- 50 g gemahlene Mandeln

Für eine Form von 20 cm Durchmesser
- Backtrennpapier, Butter, Semmelbrösel

Garnierung
- 250 g Puderzucker
- Saft von 1 Zitrone
- 2 EL Rum
- Bunte Zuckerperlen in verschiedenen Größen

Die Sahne etwas anwärmen. Die Hefe zerbröckeln und in die lauwarme Sahne geben, die Hälfte des Mehls einrühren und diesen Vorteig zugedeckt an einem warmen Ort 30 Minuten gehen lassen.

Die Rosinen mit heißem Wasser überbrühen, abgießen und auf Küchenpapier trocknen. Die kandierten Früchte fein würfeln.

Die Butter in großen Flocken, das Eigelb, Zucker, Salz und die Gewürze mit dem restlichen Mehl unter den Vorteig mischen und den Teig gründlich schlagen. Dann die gemahlenen Mandeln, Rosinen und kandierten Früchte zugeben und den Teig weiterhin mit den Händen schlagen und kneten, bis er Blasen wirft. Den Teig zugedeckt an einem warmen Ort 2 Stunden gehen lassen.

Eine hohe, runde Auflaufform mit einer Manschette aus Backtrennpapier doppelt so hoch auslegen, fetten und mit Semmelbröseln ausstreuen.

Die Form halbvoll mit Teig füllen und den Teig noch einmal gehen lassen, bis die Form 3/4 voll ist.

Den Kulitsch im vorgeheizten Backofen bei 190°C mindestens 1 1/4 Stunden auf der unteren Schiene backen. Zur Garprobe anstechen! Den gebackenen Kulitsch zum Auskühlen aus der Form nehmen und auf ein Gitter setzen.

Inzwischen die Glasur anrühren: Den Puderzucker mit Zitronensaft und Rum in einer Schüssel mischen und ins warme Wasserbad setzen. Mit dem elektrischen Handgerät etwa 3 Minuten lang schaumig schlagen. Dann die Glasur aus dem Wasserbad nehmen und abkühlen lassen. Wenn sie dickflüssig ist, den Kulitsch damit so verzieren, daß die Glasur wie Eiszapfen über den Rand läuft und erstarrt. Je dicker die Glasur ist, desto eigenwilligere Formen bildet sie.

Vor dem Erstarren der Glasur in die Mitte des Kuchens ein Loch stechen, um später eine Kerze hineinzudrücken, und bunte Zuckerperlen auf die Oberfläche des Kuchens streuen.

Zum Servieren den Kulitsch waagrecht in dicke Scheiben schneiden und diese dann wiederum portionieren.

Nährwerte pro Stück
Kilokalorien 440, Kilojoule 1840, Eiweiß/g 7,
Kohlenhydrate/g 59, Fett/g 17, Ballaststoffe/g 1,9

Das Brot zum Fest

Brioches

Den Teig über Nacht ruhen lassen.

einfach, braucht Zeit, zum Einfrieren
3 Stück

- 500 g Weizenmehl, Type 405
- 20 g frische Hefe
- 6 Eier, Handelsklasse 3
- 10 g Salz
- 50 g Zucker
- 300 g zimmerwarme Butter
- Mehl für die Arbeitsfläche
- Butter für die Förmchen
- 1 Eigelb zum Bestreichen

Das Mehl auf die Arbeitsfläche sieben, in die Mitte eine Mulde drücken und die Hefe hineinbröckeln. Mit 4 Eßlöffel lauwarmem Wasser zu einem Vorteig verrühren, mit etwas Mehl überdecken und etwa 15 Minuten gehen lassen.

Die Eier, Salz und Zucker zugeben. Mit der Hand die Zutaten von innen nach außen vermischen und nach und nach mit dem Teigschaber vom Außenrand das Mehl hineinschaufeln. Alles zu einem weichen Teig vermengen und kräftig durcharbeiten, damit reichlich Luft unter den Teig kommt.

Die weiche Butter in Flöckchen unterkneten. Damit er locker und glänzend wird, den Teig mehrmals hochheben und auf die Arbeitsplatte zurückwerfen.

Den Briocheteig zugedeckt im Kühlschrank 2 Stunden gehen lassen. Dann nochmals durchkneten, zu einer Kugel formen und zugedeckt in einer Schüssel über Nacht im Kühlschrank ruhen lassen.

Den Teig am nächsten Tag in 3 gleiche Stücke teilen. Von jedem Stück jeweils 1/3 der Teigmenge abschneiden. Die großen und die kleinen Teigstücke einzeln auf der bemehlten Arbeitsfläche in der hohlen, mit Mehl bestäubten Hand rundschleifen. Dabei

DAS BROT ZUM FEST

TIPP

Briocheteig kann ohne großen Qualitätsverlust eingefroren werden. Deshalb gleich die doppelte Menge zubereiten und eine Hälfte Teig einfrieren.

mit der Hand kreisende Bewegungen ausführen, bis der Teig zu einer glatten Kugel geformt ist.

3 gerippte Briocheformen von 16 cm Durchmesser mit Butter ausstreichen (oder die Brioches nacheinander backen, wenn nur eine Form vorhanden ist). Zuerst jeweils 1 große Kugel hineingeben und mit dem Finger eine tiefe Mulde in die Mitte drücken. Die kleine Kugel anspitzen, hineinsetzen und den Teigring rundherum unter der Kugel herausziehen, sonst hebt die Kugel ab. Bei Zimmertemperatur etwa 1 1/2 Stunden auf das doppelte Volumen aufgehen lassen.

Die Brioches mit verquirltem Eigelb bestreichen, den Rand viermal einschneiden und im vorgeheizten Backofen auf der untersten Schiene bei 220°C 25 bis 30 Minuten backen.

Nährwerte pro Stück
Kilokalorien 1650, Kilojoule 6900, Eiweiß/g 34,
Kohlenhydrate/g 139, Fett/g 98, Ballaststoffe/g 4,1

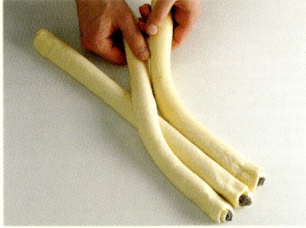

Mohnzopf

braucht Zeit, einfach, zum Einfrieren
16 Scheiben

Nicht nur kleine Teilchen, auch ein schöner, großer Frühstückszopf läßt sich aus Plunderteig backen. Im Gegensatz zum gewöhnlichen Hefezopf ist er unendlich zart und mürbe.

Plunderteig
- 1/8 l Wasser
- 1/8 l Milch
- 30 g frische Hefe
- 1 TL Salz
- 80 g Zucker
- 2 Eier
- 550 g Weizenmehl, Type 405
- 250 g Butter zum Einziehen
- Mehl zum Ausrollen

Mohnfüllung
- 1/4 l Milch
- 100 g Zucker
- 250 g gemahlener Mohn
- 4 Eigelb
- 4 EL Sultaninen

Außerdem
- 1 Ei zum Bestreichen
- Fett für das Blech

Den Plunderteig wie im Grundrezept, Seite 25, beschrieben zubereiten und einige Stunden oder über Nacht gehen lassen.

Später oder am nächsten Tag die Butter in drei einfachen Touren oder zwei einfachen und einer doppelten Tour wie beschrieben einziehen. Den Teig nach der ersten und dritten Tour mindestens 30 Minuten ruhen lassen.

Inzwischen für die Mohnfüllung die Milch und den Zucker in einem Topf aufkochen, den Mohn einstreuen und einmal aufwallen lassen. Den Herd ausschalten und den Mohn kurz ausquellen lassen, bis die Masse dick ist. Topf vom Herd nehmen, Eigelb und Sultaninen einrühren.

Den Teig auf bemehlter Arbeitsfläche zu einem Quadrat von etwa 30 x 30 cm ausrollen. In drei gleiche Rechtecke schneiden.

Die Mohnfüllung in einen Spritzbeutel mit großer Lochtülle füllen und jeweils an eine lange Kante der drei Teigstreifen spritzen.

Die gegenüberliegende Kante mit dem verquirlten Ei bestreichen und jeden der drei Teigstreifen von der langen Seite her eng aufrollen. Die Nahtstellen gut andrücken.

Die drei Teigstränge nebeneinanderlegen. Die erste Zopfhälfte von der Mitte nach außen flechten und die Enden gut einschlagen. Den Zopf vorsichtig umdrehen und fertig flechten. Die Seiten des Zopfes mit der flachen Hand andrücken, damit der Zopf eine gleichmäßige Form erhält und höher wird.

Den Zopf mit dem restlichen Ei bestreichen. In dem auf 190°C vorgeheizten Backofen auf der unteren Schiene 35 bis 40 Minuten backen (Garprobe).

Auf einem Kuchengitter auskühlen lassen und eventuell mit Puderzucker bestäuben.

Nährwerte pro Stück
Kilokalorien 460, Kilojoule 1950, Eiweiß/g 11, Kohlenhydrate/g 46, Fett/g 25, Ballaststoffe/g 1,9

Das Brot zum Fest

Bischofsbrot

einfach, braucht Zeit, zum Einfrieren
16 Scheiben

- 120 g weiche Butter und Fett für die Form
- 140 g Zucker
- 6 Eier, getrennt
- 120 g (insgesamt) Walnußkerne, Mandeln, Haselnußkerne, getrocknete Quitten, Blockschokolade, Orangeat
- 140 g Weizenmehl, Type 405
- 1 Prise Salz
- 1 EL Puderzucker

Butter, Zucker und das Eigelb schaumig rühren. Die Nüsse und Früchte (Zusammensetzung nach Wunsch) grob zerkleinern, mit dem Mehl mischen und löffelweise unter die Eimasse rühren.

Eine Rehrücken- oder Napfkuchenform fetten und mit Mehl ausstreuen.

Das Eiweiß mit Salz steif schlagen und vorsichtig unter den Teig heben.

Teig in die Form geben, glattstreichen und in dem auf 150°C vorgeheizten Backofen auf der mittleren Schiene 55 bis 60 Minuten backen (trocknen).

Nährwerte pro Stück
Kilokalorien 190, Kilojoule 800, Eiweiß/g 4, Kohlenhydrate/g 19, Fett/g 10, Ballaststoffe/g 0,9

Festbrezel

einfach, braucht Zeit
20 Portionen

- 600 g Weizenmehl, Type 405
- 1 Würfel frische Hefe, 42 g
- 100 g Butter
- 1/4 l Milch
- 2 Eier
- 120 g Zucker
- 1 TL Kardamom
- 1/2 Tonkabohne, gerieben
- Salz
- abgeriebene Schale von 1 unbehandelten Orange
- 1 Eigelb zum Bestreichen
- 1 EL Milch
- 50 g ganze, geschälte Mandeln
- Hagelzucker zum Bestreuen

Aus Mehl, Hefe, Butter, Milch, Eiern, Zucker, Kardamom, Tonkabohne, Salz und Orangenschale einen Hefeteig nach Grundrezept, Seite 24, herstellen.

Den Teig nach dem Aufgehen zu einer langen Rolle formen und auf einem bemehlten Backblech zu einer Brezel legen. Mit einem Tuch abdecken und 20 Minuten ruhen lassen.

Das Eigelb und die Milch verrühren und die Brezel damit bestreichen. Mit den Mandeln belegen und mit dem Hagelzucker bestreuen.

Im vorgeheizten Backofen bei 180°C ca. 40 Minuten backen.

Nährwerte pro Portion
Kilokalorien 210, Kilojoule 890, Eiweiß/g 5, Kohlenhydrate/g 30, Fett/g 7, Ballaststoffe/g 1,7

Adventskranz

einfach, braucht Zeit
16 Scheiben

- 500 g Weizenmehl, Type 405
- 400 ml Milch
- 1 Würfel frische Hefe, 42 g
- 100 g Zucker
- 200 g Butter
- 2 Eier
- 200 g Rosinen
- 5 cl Rum
- 100 g gehackte Mandeln
- 200 g gehacktes Zitronat
- 1 Prise Salz
- Butter für die Form
- 1 Eigelb
- 1 EL Milch
- 30 g Hagelzucker

Aus Mehl, Milch, Hefe, Zucker, Butter und Eiern nach dem Grundrezept einen Hefeteig zubereiten. Die Rosinen in Rum einweichen und samt Mandeln, Zitronat und Salz unter den Teig mischen. Den Hefeteig 1 Stunde gehen lassen.

DAS BROT ZUM FEST

Den aufgegangenen Teig auf der bemehlten Arbeitsfläche in 3 gleiche Teile schneiden und zu 3 Strängen formen. Einen Zopf daraus flechten.

Ein großes Backblech (möglichst 40 x 40 cm) mit Backpapier auslegen und eine runde feuerfeste Form mit 20 cm Durchmesser an den Außenwänden gut mit Butter einstreichen. Die Form in die Mitte auf das Blech stellen und den Hefezopf rundherum zum Kranz legen. Die Teigenden fest aneinanderdrücken, eventuell leicht befeuchten, damit sie besser halten.

Den Adventskranz 20 Minuten gehen lassen.

Das Eigelb mit der Milch verrrühren und den Kranz damit bestreichen, den Hagelzukker darüberstreuen.

Den Adventskranz im vorgeheizten Backofen bei 200°C auf der mittleren Schiene ca. 50 Minuten backen.

Den gebackenen Kranz samt dem Backpapier vom heißen Blech ziehen, auf einem Kuchengitter abkühlen lassen und die Form aus der Mitte entfernen.

Zum Servieren den Adventskranz auf eine Kuchenplatte legen, Kerzen in 4 Schnapsgläser stecken und in die Mitte stellen. Im übrigen nach Belieben dekorieren.

Nährwerte pro Stück
Kilokalorien 390, Kilojoule 1620, Eiweiß/g 7,
Kohlenhydrate/g 50, Fett/g 16, Ballaststoffe/g 2,9

Ingwerstamm

einfach, braucht Zeit, zum Einfrieren
12 Scheiben

- 200 g Ingwer in Sirup
- 120 g Apfel
- 150 g Walnußkerne

Teig

- 250 g Weizenmehl, Type 405
- 2 gestrichene TL Backpulver
- 1/8 l Milch
- 125 g Butter
- 180 g Zucker
- 2 Eier
- 1 Eigelb
- Butter für die Form
- 300 g Puderzucker
- 4 EL weißer Rum
- kandierter Ingwer

Den Ingwer in dünne Streifen schneiden. Apfel schälen, zerteilen, das Kerngehäuse entfernen und fein schneiden. 90 g Walnußkerne hacken, die restlichen Kerne für die Garnitur beiseite stellen.

Mehl in eine Schüssel sieben. Mit Backpulver, Ingwer, Äpfeln und den gehackten Nüssen mischen.

Die Milch in einem kleinen Topf leicht erwärmen. Die zimmerwarme Butter mit dem Zucker in einer zweiten Schüssel mit dem Schneebesen schaumig rühren. Eier, Eigelb und die lauwarme Milch nach und nach zugeben. Mit einem Kochlöffel die Mehl-Früchtemischung unterheben.

Eine Rehrücken- oder Baumstammform von 32 cm Länge ausbuttern und den Teig hineinfüllen.

Im vorgeheizten Backofen bei 180°C etwa 50 Minuten backen (Garprobe).

Puderzucker und Rum verrühren. Ingwerkuchen aus dem Backofen nehmen und zum Auskühlen auf ein Kuchengitter stürzen. Den noch warmen Kuchen mit der Rumglasur bestreichen und mit den restlichen Walnußkernen und einigen Stückchen kandiertem Ingwer dekorieren.

Nährwerte pro Stück
Kilokalorien 420, Kilojoule 1770, Eiweiß/g 6,
Kohlenhydrate/g 65, Fett/g 13, Ballaststoffe/g 1,5

DAS BROT ZUM FEST

Diesen Kuchen sollte man schon einige Zeit vor dem Fest backen, denn er wird um so besser, je länger er lagern kann.

Weihnachtsbrot

einfach, braucht Zeit, zum Einfrieren
3 Brote bzw. 60 Scheiben

- 200 g Mandeln
- 1 EL Zucker
- 200 g Sultaninen
- 200 g Datteln
- 200 g getrocknete Feigen
- 400 g Butter
- 400 g Zucker
- 1 Päckchen Vanillinzucker
- 7 Eier
- 400 g Weizenmehl, Type 405
- 1 TL Backpulver
- 3 EL Sherry
- Butter zum Einfetten
- 50 g Puderzucker zum Bestäuben

Die Mandeln in einem Topf mit kochendem Wasser kurz überbrühen und dann schälen. Auf der Arbeitsfläche zusammen mit dem Zucker hacken.

Die Sultaninen mit kochendem Wasser übergießen und 5 Minuten ziehen lassen.

Die Datteln entkernen und zusammen mit den Feigen kleinhacken. In eine Schüssel geben. Die Sultaninen abtropfen lassen, trockentupfen und dazugeben.

Die Butter in einer Schüssel schaumig rühren. Zucker, Vanillinzucker und die Eier einarbeiten.

Das Mehl mit dem Backpulver mischen und einige Eßlöffel auf die Früchte streuen. Die restliche Menge zur Buttermischung geben und gut vermischen.

Dann die mehlierten Früchte hineinkneten und zum Schluß den Sherry einarbeiten.

3 Kastenformen (26 cm) einfetten oder, noch besser, mit Backpapier auslegen. Den Teig auf die 3 Formen verteilen und die Oberfläche glattstreichen.

Die Kuchen in den vorgeheizten Backofen auf die unterste Schiene stellen und bei 175°C etwa 70 Minuten backen.

Auskühlen lassen, auf eine Platte stürzen und mit dem Puderzucker bestäuben.

Jeden Kuchen zum Servieren in 20 Stücke schneiden.

Nährwerte pro Stück
Kilokalorien 160, Kilojoule 690, Eiweiß/g 3, Kohlenhydrate/g 19, Fett/g 8, Ballaststoffe/g 1,5

Weihnachtskranz

einfach, braucht Zeit, zum Einfrieren
12 Stück

Teig
- 1 Würfel frische Hefe, 42 g
- 1/8 l Milch
- 100 g weiche Butter
- 40 g feiner Zucker
- 1 Ei
- 2 Eigelb
- Salz
- 1 Päckchen Vanillinzucker
- abgeriebene Schale von 1/2 unbehandelten Zitrone
- 400 g Weizenmehl, Type 405

Füllung
- 50 g Sultaninen
- 4 EL Rum
- 1 Beutel fertige Mohnmischung
- 50 g gemahlene Mandeln
- 1 Eiweiß

Zum Bestreichen
- 1 Ei, getrennt
- 1 EL Milch

Aus den Teigzutaten einen Hefeteig nach Grundrezept, Seite 24, herstellen und 1 Stunde ruhen lassen.

Für die Füllung die Sultaninen hacken und in dem Rum marinieren. Nach ca. 30 Minuten mit den restlichen Füllungszutaten gut vermischen.

Den Hefeteig zu einem Rechteck von 25x60 cm ausrollen und für die Schleife 10 cm vom schmalen Ende abschneiden. Den Teig in voller Länge und halber Breite mit der Füllung bestreichen.

Dann von der gefüllten Längsseite her aufrollen und die Rolle mit der Naht unten auf einem mit Backpapier ausgelegten Blech zum Ring legen. Die Enden mit Eiweiß bestreichen und fest aneinanderdrücken.

Den 10 cm breiten Streifen etwas länger ausrollen, um die Schlußstelle legen und knoten.

Das Eigelb und die Milch verrühren. Den Kranz und die Schleife damit bestreichen. Mit der Küchenschere ringsum im Zickzack kleine Einschnitte anbringen. Im vorgeheizten Backofen bei 200°C ca. 5 Minuten backen, dann die Hitze reduzieren und bei 180°C in 35 bis 40 Minuten fertigbacken.

Nährwerte pro Stück
Kilokalorien 360, Kilojoule 1320, Eiweiß/g 10, Kohlenhydrate/g 38, Fett/g 17, Ballaststoffe/g 2,6

TIP

Der Kranz ist auch ohne weitere Verzierung sehr dekorativ. Mögliche Garnierungen: 100 g Puderzucker und 1 Eßlöffel Zitronensaft glattrühren, in den Spritzbeutel mit sehr feiner Lochtülle füllen und den Zackenrand des Kranzes in mehreren Linien nachziehen. Mit dem Kernhausausstecher ein Loch in den Knoten stechen und eine Kerze hineindrücken.

Nikolausbrot

einfach, zum Einfrieren
40 Scheiben

- 250 g Mandelkerne
- 50 g Haselnußkerne
- 50 g Orangeat
- 2 Eier
- 250 g Puderzucker
- 1 Prise Salz
- 1 TL Zimt
- 1 Messerspitze Nelkenpulver
- 1 Messerspitze Kardamom
- 1 TL Hirschhornsalz
- abgeriebene Schale von je 1/2 unbehandelten Zitrone und 1/2 unbehandelten Orange
- 300 g Weizenmehl, Type 405
- Fett für das Backblech
- 2 Eigelb zum Bestreichen

Die Mandeln und Nüsse grob reiben. Das Orangeat grob hacken.

Die Eier mit dem Puderzucker und 2 Eßlöffel Wasser schaumig rühren, alle Gewürze, das Hirschhornsalz, die Mandeln, die Nüsse, das Orangeat, die Zitronen- und Orangenschale zugeben und vermischen.

Das Mehl dazusieben und gut einarbeiten. Aus dem Teig 2 Rollen formen und auf ein gefettetes Backblech legen.

Mit dem Eigelb bestreichen und im vorgeheizten Backofen bei 175°C ca. 45 Minuten knusprig braun backen.

Zum Servieren jedes Brot mit einem sehr scharfen Messer in ca. 20 Scheiben schneiden.

Nährwerte pro Stück
Kilokalorien 110, Kilojoule 460, Eiweiß/g 3,
Kohlenhydrate/g 13, Fett/g 5, Ballaststoffe/g 1,1

Früchtekuchen

Kuchen 1-2 Wochen ruhen lassen. Früchte sollten 2 Stunden in Rum mazerieren.

einfach, braucht Zeit, zum Einfrieren
16 Scheiben

- 125 g Zitronat
- 125 g Orangeat
- 250 g getrocknete Feigen
- 400 g getrocknete Datteln
- 200 g getrocknete Aprikosen
- 500 g Sultaninen
- 100 ml Rum
- 500 g ungeschälte Haselnußkerne

DAS BROT ZUM FEST

Teig
- 3 Eier
- 125 g Zucker
- 1 TL Zimt
- 1/2 TL Nelkenpulver
- 1/2 TL Kardamom
- abgeriebene Schale von je 1 unbehandelten Zitrone und Orange
- 200 g Weizenmehl, Type 405
- 1 Päckchen Backpulver

Das Zitronat und Orangeat fein hacken. Die Feigen, Datteln und Aprikosen halbieren. Die Früchte und Sultaninen in den Rum legen und mindestens 2 Stunden mazerieren lassen. Die Haselnußkerne grob zerteilen.

Die Eier und den Zucker mindestens 5 Minuten lang schaumig schlagen, die Gewürze und Zitrusschalen einrühren. Das Mehl mit dem Backpulver vermischen und nach und nach unter die Masse mischen. Die Früchte samt dem Rum und die Nüsse dazugeben.

Eine mindestens 30 cm lange Kastenform mit Backpapier auslegen und den Teig einfüllen. Den Früchtekuchen im vorgeheizten Backofen bei 180°C auf der untersten Schiene ca. 75 Minuten backen.

Den fertigen Kuchen sofort auf ein Kuchengitter stürzen, die Form abnehmen und auch das Papier vom noch warmen Kuchen abziehen.

Den völlig ausgekühlten Kuchen in eine Zellophantüte oder in Folie packen. Er soll mindestens 1 bis 2 Wochen ruhen. Wird er zu Weihnachten gewünscht, kann der Früchtekuchen 3 bis 4 Wochen vorher gebacken werden.

Nährwerte pro Stück
Kilokalorien 590, Kilojoule 2490, Eiweiß/g 10, Kohlenhydrate/g 84, Fett/g 21, Ballaststoffe/g 10,0

Es lohnt sich, gleich zwei Kuchen von der doppelten Menge herzustellen.

Kletzenbrot

Die Zutaten können je nach Bedarf reduziert werden. Doch der Zeitaufwand bei der Herstellung ist so groß, daß sich das Backen von 4 oder mehr Broten auf einmal lohnt. Das Kletzenbrot ist sehr lange haltbar und eignet sich gut als Weihnachtsgeschenk.

Birnen über Nacht einweichen
Früchteteig über Nacht ziehen lassen

einfach, braucht Zeit
40 Scheiben

- 600 g getrocknete Birnen (Kletzen)
- 1/8 l Rotwein
- 1 EL Butter
- 30 g Zitronat
- 100 g Walnußkerne
- 250 g Korinthen
- 1 TL Zimt
- 1 Messerspitze gemahlene Nelken
- 1 EL Rosenwasser
- 10 cl Kirschwasser

Brotteig
- 500 g Weizenmehl, Type 405
- 15 g frische Hefe
- 30 g Zucker
- 250 ml lauwarme Milch
- 1 Ei
- 30 g Butter
- 1 Prise Salz
- abgeriebene Schale von 1 unbehandelten Zitrone
- Mehl zum Bestäuben
- Butter für das Backblech
- 1 Ei zum Bestreichen

Die Birnen über Nacht in einer großen Schüssel in 1/2 Liter Wasser einweichen. Am nächsten Morgen die Birnen in einem Topf mit der Hälfte des Einweichwassers, dem Rotwein und der Butter 25 Minuten weichkochen. Dann in ein Sieb abschütten.

Birnen, Zitronat und Walnußkerne grob hacken. Alles mit den Korinthen, Zimt, Nelken, Rosenwasser und Kirschwasser in einer Schüssel vermischen. Schüssel mit Folie abdecken und die Zutaten über Nacht an einem warmen Ort ziehen lassen.

Am nächsten Tag für den Brotteig das Mehl in eine Schüssel sieben und in die Mitte eine Mulde drücken. Die Hefe hineinbröckeln und etwas Zucker daraufstreuen. Mit 1 Eßlöffel lauwarmer Milch und etwas Mehl einen Vorteig herstellen. Zugedeckt 15 Minuten gehen lassen. Dann die restlichen Zutaten einkneten. Alles so lange zu einem Teig schlagen, bis er Blasen wirft. Zugedeckt noch einmal 20 Minuten gehen lassen.

Die Hälfte des Brotteigs mit der Birnenmasse verkneten. Aus dem Früchteteig 4 gleich große Brotlaibe formen.

Den restlichen Hefeteig auf einer bemehlten Arbeitsfläche 1 1/2 cm dick ausrollen und in 4 Rechtecke schneiden. Jedes Früchtebrot in ein Teigrechteck so einwickeln, daß die Nahtstelle auf der Unterseite liegt. Die obere, glatte Teigfläche mehrmals mit einer Gabel einstechen.

Ein Backblech mit Butter einfetten und mit Mehl bestäuben. Die 4 Brote mit Abstand auf das Blech legen und 10 Minuten gehen lassen. Dann mit dem verquirlten Ei bestreichen.

Im vorgeheizten Backofen auf der mittleren Schiene bei 200°C 1 Stunde backen.

Das fertige Kletzenbrot aus dem Ofen nehmen und auf einem Kuchengitter auskühlen lassen. Nach 2 Tagen zum Aufbewahren in Alufolie wickeln.

Zum Servieren in 1 1/2 cm dicke Scheiben schneiden.

Nährwerte pro Stück
Kilokalorien 140, Kilojoule 570, Eiweiß/g 3, Kohlenhydrate/g 24, Fett/g 2, Ballaststoffe/g 2,8

Das Brot zum Fest

Anisbrot

Anisbrot über Nacht trocknen lassen.

*einfach, braucht Zeit
20 Scheiben*

- 6 Eier, getrennt
- 250 g Zucker
- 1 Prise Salz
- 250 g Weizenmehl, Type 405
- abgeriebene Schale von 1 unbehandelten Zitrone
- 3 TL gemahlener Anis
- 1/2 TL Hirschhornsalz
- Butter für die Form
- 4 Päckchen Vanillinzucker zum Wenden

Das Eigelb 15 bis 20 Minuten mit dem Zucker schaumig rühren, bis die Masse dickflüssig und fast weiß ist. Das Eiweiß mit dem Salz steifschlagen und unterheben.

Nach und nach das Mehl unterrühren. Die Zitronenschale, den Anis und das Hirschhornsalz zufügen.

Eine große Kastenform gut mit Butter ausstreichen und den Teig hineinfüllen. Im vorgeheizten Backofen bei 175°C auf der mittleren Schiene ca. 1 Stunde backen.

Danach aus der Form auf ein Kuchengitter stürzen und etwas auskühlen lassen. Das Anisbrot in ca. 1 cm dicke Scheiben schneiden und auf ein ungefettetes Backblech legen. Mit einem Küchentuch bedecken und über Nacht trocknen lassen.

Am nächsten Tag im vorgeheizten Backofen bei 175°C auf der mitttleren Schiene auf beiden Seiten je 5 Minuten rösten. Dann aus dem Backofen nehmen und die Anisbrotscheiben noch heiß im Vanillinzucker wenden.

Auf einem Kuchengitter auskühlen lassen. In Alufolie verpackt aufbewahren.

*Nährwerte pro Stück
Kilokalorien 130, Kilojoule 540, Eiweiß/g 3, Kohlenhydrate/g 24, Fett/g 2, Ballaststoffe/g 0,3*

Vollkornfrüchtebrot

Trockenfrüchte 2 Stunden einweichen

*einfach, braucht Zeit, zum Einfrieren
30 Scheiben*

- 250 g getrocknete Feigen
- 250 g getrocknete Pflaumen
- 125 g getrocknete Aprikosen
- 75 g Zitronat
- 75 g Orangeat
- 250 g Rosinen
- 250 g Haselnußkerne
- 50 g Ahornsirup
- 4 Eier
- 4 cl Obstschnaps
- 1 TL Zimt
- 1/2 TL gemahlene Nelken
- 1 Prise Salz
- 125 g Weizenvollkornmehl
- 2 EL Semmelbrösel
- Butter für die Form

Das Brot zum Fest

Die doppelte Menge herstellen und 1 Früchtebrot einfrieren.

Die Feigen, die Pflaumen und die Aprikosen grob hacken und in 1/2 Liter lauwarmem Wasser 2 Stunden einweichen. Das Zitronat, das Orangeat und die Rosinen fein hacken.

Die Haselnüsse auf einem Backblech auf der mittleren Schiene im Backofen bei 175°C 10 Minuten rösten, damit die Häutchen aufplatzen. Nüsse auf ein Küchentuch schütten und so lange reiben, bis die Häutchen ganz abgelöst sind.

Die eingeweichten Früchte in ein Sieb schütten und abtropfen lassen. Dann in eine große Schüssel umfüllen. Zitronat, Orangeat, Rosinen und die ganzen Haselnüsse dazugeben. Den Ahornsirup, die Eier, Obstschnaps, Zimt, Nelken und Salz gut untermischen. Das Mehl darüber sieben, die Semmelbrösel zufügen. Alles gründlich zu einem lockeren Teig vermengen.

Eine große Kastenform mit reichlich Butter ausstreichen und den Früchteteig hineinfüllen. Im vorgeheizten Backofen bei 175°C auf der mittleren Schiene ca. 45 Minuten backen.

Das fertige Früchtebrot in der Form 10 Minuten abkühlen lassen, dann zum Auskühlen auf ein Kuchengitter stürzen. Danach zum Aufbewahren in Alufolie wickeln.

Zum Servieren in ca. 1/2 cm dicke Scheiben schneiden.

Nährwerte pro Stück
Kilokalorien 190, Kilojoule 780, Eiweiß/g 4,
Kohlenhydrate/g 26, Fett/g 6, Ballaststoffe/g 3,7

Panettone ist der traditionelle italienische Hefekuchen zu Weihnachten.

Panettone

einfach, braucht Zeit, zum Einfrieren
1 Panettone

- 1/8 l Milch
- 70 g Zucker
- 30 g frische Hefe
- 1 TL Salz
- 2 EL Butter
- 500 g Weizenmehl, Type 405
- 2 Eier
- 1 TL gemahlener Anis
- 1 Päckchen Vanillinzucker
- 50 g Walnußkerne
- 50 g kandierte Früchte
- 50 g Sultaninen
- 2 EL Pinienkerne

Für eine Form von 20 cm Durchmesser
- Butter, Semmelbrösel und Backtrennpapier

Mit lauwarmer Milch, Zucker, Hefe, Salz, Butter, Mehl, Eiern, Anis, Vanillinzucker und etwa 1/8 l lauwarmem Wasser nach Grundrezept, Seite 24, einen Hefeteig herstellen. Zugedeckt 1 Stunde gehen lassen.

Die Nüsse, kandierten Früchte, die Sultaninen und die Pinienkerne hacken und einarbeiten.

Den Teig zugedeckt auf die doppelte Größe aufgehen lassen. Eine hohe, runde Auflaufform mit einer Manschette aus Backtrennpapier doppelt so hoch auslegen, fetten und mit Semmelbröseln ausstreuen.

Die Form halbvoll mit Teig füllen und den Teig noch einmal gehen lassen, bis die Form 3/4 voll ist.

Den Panettone im vorgeheizten Backofen bei 190°C mindestens 1 Stunde 15 Minuten auf der unteren Schiene backen. Die Oberfläche nach 20 Minuten mit einem Messer kreuzweise einschneiden, damit sich eine "Krone" bilden kann.

Den gebackenen Panettone zum Auskühlen aus der Form nehmen und auf ein Kuchengitter setzen.

Nährwerte insgesamt
Kilokalorien 3350, Kilojoule 9999, Eiweiß/g 90, Kohlenhydrate/g 529, Fett/g 80, Ballaststoffe/g 20,5

DAS BROT ZUM FEST

Verzeichnis – Rezepte und Warenkunde

A

Adventskranz	114
Amerikanische Ringe (Bagels)	92
Anisbrot	124

B

Backofen, Der	30
Baguettes	62
Bauernfladen	59
Bierbrot	40
Bischofsbrot	113
Brioches	110
Brot, der knusprige Laib aus dem Ofen	34
Brotbacken mit Sauerteig	26
Brötchen, Gewürzte	69
Brötchen, nicht nur zum Frühstück	64
Buchweizen	21
Buttermilchstangen	62

C

Croissants	90

D

Das Brot zum Fest	104
Der Backofen	30
Dinkel	20
Dinkel-Joghurtbrot	39
Dinkel-Korbbrot, Roggen-	50
Dunkle Rosenbrötchen	66

E

Eier	28
Einfaches Roggenmischbrot	38

F

Fette	28
Festbrezel	114
Frischkäsebrötchen	96
Früchtekuchen	120

G

Gerste	21
Getreidemühlen	22
Getreidesorten	20
Gewürzte Brötchen	69
Gewürze	29
Grünkern	21
Grünkern-Vollkornbrot	44

H

Hafer	21
Hafer-Butterbrötchen	74
Haubenmuggerl	71
Hefe	22
Hefeteig, Grundrezept	24
Hefeteig, Süßer	24
Hirse	21
Holzfällerbrötchen	78

I

Ingwerstamm	116

K

Kartoffelbrote	52
Kartoffeltörtchen	94
Käseknusperlis	93
Käsestangen	80
Kastenweißbrot	61
Kleingebäck, lustig und lecker	86
Kletzenbrot	122
Knoblauchbrezeln	97
Kornbrot	56
Kräuterbrote, Nuß- und	46
Kulitsch - Russischer Osterkuchen	108
Kürbiskernbrot aus dem Tontopf	55

L

Leinsamenbrötchen, Schnelle	72

M

Mais	21
Maisknäcker	100
Mandelbrezen	73
Mehl	18
Mehltypen	20
Milch und Co.	28
Möhrenherzen	89
Mohnzopf	112
Müslibrötchen	79

N

Nikolausbrot	120
Nuß- und Kräuterbrote	46

O

Olivenbrot, Schafskäse-	58
Omas Teebrötchen	88
Osterfladen und Ostermänner	106
Ostermänner, Osterfladen und	106
Osternester	107

P

Panettone	126
Pita-Fladenbrote	82
Pizza pane mit Rosmarin	85
Pizza pane mit Tomate	84
Pizzateig, Grundrezept	83
Plunderteig, Grundrezept	25
Praxistips	33
Preßburger Hufeisen	91

R

Roggen	19, 21
Roggen-Dinkel-Korbbrot	50
Roggen-Rahmflecken	98
Roggenkränze	76
Roggenmischbrot, Einfaches	38
Rosenbrötchen, Dunkle	66

S

Salz	27
Sauerteig, Brotbacken mit	26
Schafskäse-Olivenbrot	58
Schnelle Leinsamenbrötchen	72
So werden Sie ein guter Bäcker	32
Sojabrot	54
Sonnenblumenbrot	42
Sonnenblumenkern-Schnecken	70
Sonntagsbrötchen	68
Süßer Hefeteig	24

T

Teebrötchen, Omas	88
Thymianbrot	49
Tips aus der Backstube	16
Tourieren oder Touren geben	25

V

Vinschgauer Fladen	76
Vollkorn	19
Vollkorn-Knäckeringe	102
Vollkornbrot, Grünkern	44
Vollkornfrüchtebrot	124

W

Walnußbrot	48
Weihnachtsbrot	118
Weihnachtskranz	119
Weißbrot, Kasten-	61
Weizen	18, 20
Würze, Süße und Pfiff	29

Z

Zucker	26
Zwiebelbrot	36